저속 성장
육아 일기

저속 성장 육아 일기

자폐 스펙트럼 아이와 엄마의
느리지만 단단한 성장의 기록

정진희 지음

piper
press

프롤로그

'우리 아이는 자폐가 있어요' 이 말을 못해서

아파트 엘리베이터에서 자주 마주치는 아주머니가 있었다. 우리 아파트를 청소해 주시는 분이었다. 아주머니는 내 아들 로건이를 볼 때마다 묻곤 했다.

"몇 살이니?"

그럴 때마다 내가 대신 말했다.

"다섯 살이요."

그러면 어김없이 이어지는 말.

"우리 손녀도 다섯 살인데 어찌나 말을 잘하는지~"

손녀딸 자랑을 한참 하며 로건이를 힐끗 쳐다본다.

아주머니는 기억력이 나쁜 건지, 아니면 반드시 아이 입으로 직접 들어야만 직성이 풀리는 건지 만날 때마다 로건이에게 몇 살인지 물었다.

'다섯 살이라고 몇 번을 말해요? 궁금해서 묻는 거 맞아요? 당신 손녀도 다섯 살이라며. 그럼 딱 보면 알잖아요. 애가 뭔가 다르다는 거. 장애가 있다는 거. 왜 자꾸 말을 걸어요. 짜증나게……!'

이런 말이 목끝까지 차올랐지만, 한마디 대꾸도 없이 그 집 손녀딸 자랑을 지겹게 들으며 어서 엘리베이터가 1층에 도착해 아주머니가 눈앞에서 사라지기만 바랐다.

어느 날은 우는 로건이 손을 붙잡고 어린이집으로 가던 길이었다. 엘리베이터에서 그 아주머니를 또 만났다.
"그만 울어. 엄마 힘들게. 몇 살이야?"
'눈치 없으세요? 제발 그냥 조용히 가면 안 돼요?'
화가 났지만 입을 꾹 다물었다. 로건이 손을 꽉 잡은 채 얼른 엘리베이터 문이 열리기만을 기다렸다.
짜증을 내는 로건이를 지켜보던 아주머니가 기어코 한마디를 보탰다.
"너는 왜 맨날 울상이냐? 볼 때마다 울고 있네."
가슴에 무언가가 탁 하고 걸렸다.

나는 싸움을 잘 못한다. 화를 내도 될 만한 일에도 몸이 굳는 사람이다. 당황해서 머뭇거리는 몇 초 사이 상대는 홀연히 떠나고 나는 화낼 타이밍을 놓치기 일쑤였다. 그날도 역시 나는 타이밍을 놓쳤다.

로건이를 어린이집에 데려다주고 집으로 돌아왔지만, 화가 가라앉지 않았다. 고민하다가 종이와 펜을 들어 편지를 썼다.

우리 아이는 자폐성 장애가 있어서 말을 못한다고. 말 못하는 아이가 얼마나 답답한 게 많겠냐고. 그래서 볼 때마다 울고 있거나 울상이었을 거라고. 같은 나이의 손녀가 있으셔서 우리 아이가 정상은 아니라는 걸 눈치채셨을 거라 생각했는데 오늘 보니 아무 생각이 없어 보이셔서 이렇게 편지로 알려드린다고. 우리 아이는 자폐라고. 앞으로 말조심해 달라고.

편지를 들고 관리실로 내려갔다. 직원분에게 상황 설명을 하며 아주머니께 전달해 달라고 했다.

당당하게 말하고 싶었는데 상황을 설명하다 보니 눈물이 터졌다. 한번 터진 눈물은 그동안 자폐 아이를 키우며 쌓인 설움을 다 쏟아내기라도 하듯 그칠 줄을 몰랐다. 제대로 된 말도 못하고 한참을 울기만 하다가 편지를 전해달라고 하고 집으로 돌아왔다.

로건이가 다섯 살 때까지, 누군가에게 "우리 아이는 자폐성 장애가 있다"는 말을 꺼내는 게 너무 힘들었다. 어쩔 수 없이 설명해야 할 때엔 늘 눈물이 터졌다. '울지 마. 울면 안 돼.' 스스로에게 으름장을 놓아도 눈물은 눈치도 없이 매번 흘러나와 나를 난처하게 했다.

로건이가 여덟 살이 된 지금, 나는 "우리 아이는 자폐가 있어요"라는 말을 건조한 눈동자로 감정 기복 없이 편하게 말할 수 있는 엄마가 되었다. 계기가 될 만한 일이 있어서 갑자기 달라진 건 아니다. 스스로 인지하기도 힘든 느린 속도로 서서히 변했다.

오늘도 로건이는 나와 산책을 하다가 처음 보는 낯선 할머니의 손을 덥석 잡아끌었다. 내가 편의점은 이제 안 된다고 하니 편의점에 자신을 데려가줄 것 같은 사람을 아무나 골라 아이스크림을 사달라고 할 작정이었던 것이다. 길을 걷다 난데없이 처음 보는 꼬마에게 손을 잡힌 할머니는 당황한 표정이었지만, 웃으며 말씀하셨다.

"얘가 왜 이럴까? 우리 전에 만난 적 있었어, 꼬마야?"

나는 마치 '애는 여덟 살이에요'라는 말을 하듯 태연하게 웃으며 말했다. "저희 아이가 발달장애가 있어서 가끔 이래요. 죄송합니다~!"

그러자 할머니도 편안한 얼굴로 답해주셨다.

"괜찮아, 괜찮아. 아고, 예쁘다."

3년 전의 아주머니에게도 이렇게 말했다면 상황이 달라졌을까? 입을 꾹 닫고 속만 끓일 게 아니라 아이에게 장애가 있다고, 답답해서 우는 거라고 설명했다면 어땠을까?

나는 이제 로건이의 장애를 적극적으로 주변에 알리며 지낸다. 자주 가는 동네 편의점과 미용실, 키즈 카페 사장님은 모두 로건이의 장애를 알고 계신다. 그분들이 물어보지 않아도 먼저 말했다. 아파트 주민들에게도 기회가 될 때 말씀드린다.

아이의 장애를 알게 된 세상은 충분히 너그러웠다. 이전엔 무례하고 눈치 없는 사람들 사이에서 시퍼렇게 멍든 마음으로 살았는데, 이제는 친절하고 배려심 깊은 사람들에게 도움을 받으며 산다.

"저희 아이가 자폐성 장애가 있는데요, 그래서 카메라 렌즈를 보기가 힘든데 사진 찍어주실 수 있을까요?"

양해를 구하며 들어간 사진관의 사장님은 "괜찮아요. 제 친한 친구 아들도 자폐가 있어요."라고 말씀하시며 멋지게 사진을 찍어주셨다. 단 한 번도 아이에게 '여기 보라'고 하지 않으시고, 말을 걸고 웃겨주다가 가끔 렌즈를 볼 때 놓치지 않고 셔터를 누르셨다. 자폐 아이를 키우는 나보다도 더 자폐에 대한 이해가 깊은 분이었다.

종종 가는 동네 미용실의 헤어 디자이너님도 그랬다. 아이가 자폐가 있다는 말을 하니 "그래요? 처음이기는 한데, 해보죠, 뭐. 잘할 거 같은데?" 유쾌하게 답하셨다. 처음 몇 달은 머리카락을 전부 뒤집어쓸 정도로 아이가 가만히 있지 않았다. 그럼에도 "생각보다 잘하네~" 하고 웃어주셨다. 지금은 "많이 의젓해졌다"고 칭찬해주신다.

장애 아이의 엄마가 되고 나서, 작은 일에도 쉽게 상처받는 내가 싫었다. 하지만 딱 그만큼 작은 일로도 얼어붙은 마음이 쉽게 녹았다.

"우리 아이는 자폐가 있다"고 먼저 말하는 일이 처음에는 쉽지 않다. 하지만 내가 말하지 않으면 사람들은 '아이가 좀 특이한데, 이상한데' 생각하면서 이런저런 말을 건네다가 본의 아니게 상처를 건드리기도 한다.

3년 전부터 로건이와 함께 지내는 모습을 유튜브에 올리고 있으니, 이제 로건이의 장애를 알고 있는 건 주변 사람만이 아니다. 처음 '자폐 아이 엄마의 하루'라는 제목으로 영상을 올렸을 때는 두려웠다. 지금은 연락도 닿지 않는 옛 직장 동료, 선후배, 동창들…… 나를 아는 수많은 사람들이 내 아이의 장애를 알게 되는 건 싫었다.

하지만 우려하던 일은 없었다. 유튜브를 시작하고 몇 달 동안 조회 수는 수십 회, 구독자 수는 백 명도 되지 않았으니까.

'어차피 보는 사람도 없네?'

약간 안심이 됐다. 그제야 로건이의 특이한 행동도, 내가 힘든 순간도, 하고 싶은 말도 부담 없이 찍어서 올리기 시작했다. 특별한 목적 없이 평범한 하루를 담았다. 그리고 하나둘 댓글이 달리기 시작했다.

"저희 아이랑 너무 비슷해요."

"제가 하고 싶던 말 다 해주셨어요. 정말 위로가 됩니다."

얼굴도 모르지만 이 땅 위의 어딘가에 살고 있는 다른 분의 공감이, 특이하고 외로웠던 내 육아를 '평범한 육아'처럼 느끼게 해주었다. 혼자일 때는 두렵고 답답했던 일들이 비슷한 사람들과 연결되고 나니 대수롭지 않은, 해볼 만한 일처럼 느껴졌다.

좋아하는 드라마 『나의 아저씨』에는 이런 대사가 나

온다.

"네가 대수롭지 않게 받아들이면 남들도 대수롭지 않게 생각해. 네가 심각하게 받아들이면 남들도 심각하게 생각하고. 모든 일이 그래. 항상 네가 먼저야. 옛날 일 아무것도 아니야. 네가 아무것도 아니라고 생각하면 아무것도 아니야."

내 아이의 장애를 적극적으로 알리면 그걸 보는 누군가도 자기 아이의 장애를 공개할 마음이 생길지도 모른다. 그런 이야기가 많아지면 외로운 부모들의 삶이 조금은 가벼워질 것 같았다. 더 많은 사람들이 발달장애, 자폐 스펙트럼 장애에 대해 알게 된다면, 로건이 같은 아이들이 살아갈 세상은 좀 더 편안한 곳이 될 것이다.

이 글은 그런 생각을 바탕으로 한 또 다른 시도다. 나와 같은 엄마들에게 건네는 솔직한 고백이자, 내 아이가 살아갈 세상에 꼭 들려주고 싶은 이야기다.

목차

프롤로그.
'우리 아이는 자폐가 있어요' 5
이 말을 못해서

만남
두 번째 출산 18
- 비교의 늪 25
모래로 된 아이 32
- 나의 발달 느림보 친구들 38
내 마음은 고장난 흑백 텔레비전이었다 42
- 다행과 덕분 47

성장
태풍이 치는 바다에서 발견한 것 52
- 아이의 감각에 반응하는 법 57
오늘이 첫 날이야 59
- 훈육의 기술 67
아이는 너에게 기회를 주고 있는 거야 70
- 슬픔도 사유 재산이다 76
즐거움의 선물 상자 81
- 배움의 목적 88

배움
우리들은 자란다 94
- 아이에 대한 자부심 99
우리가 서로를 못 믿지는 말자 103
- 특수학교 지원하기 109
치료보다 중요한 것은 113
- 뭐 하나는 천재라던데 118
누가 좀 가르쳐줬더라면 122
- 자주 듣는 질문들 128

마음	우리들의 안전지대	136
	- 엄마는 아이의 반사판이다	141
	허구한 날 보니까 못 알아보지	146
	- 잊고 있던 Z축을 찾아서	152
	노선을 이탈했습니다	157
	- 이용하면 안 되냐?	162
가족	나는 지금 호시절입니다	168
	- 용서해 줘	173
	보이지 않는 경계	176
	- 나에게 복이 되는 사람	181
	내구성 테스트	184
	- 결심보다 행동	194
	생각이 달라도 함께 걸어나간다	196
	- 상어가 되지 않도록	202

에필로그.
가장 후회하는 네 가지, 208
가장 고마웠던 네 가지

────────────── 만남

두 번째 출산

진통이 왔던 건 40주 4일이 되던 날이었다.

3교대하는 모든 간호사분들을 다 만나고 당직 선생님과 주치의 선생님까지 보고서야 23시간의 진통 끝에 로건이를 만났다.

우리 아들 이름은 김로건이다. 어렸을 때부터 '로건'이라는 이름의 의미를 묻는 사람들이 많았지만, 설명할 때마다 머쓱하다. 별 뜻이 없기 때문이다.

조리원에서 아기에게 어떤 이름을 지어줄까 한참을 생각하다 남편과 이런 대화를 나눴다.

"우리 애가 2018년에 태어났잖아. 미래에는 분명 더 글로벌한 세상이 될 거야. 그치? 그렇다면 세계를 무대로 누빌 아이에게 한국에서나 해외에서나 친숙하게 불릴 수 있는 이름으로 지어주자."

"좋았어!"

그렇게 남편과 나는 평범한 두 글자 한국 이름의 양

식을 지키면서도 영어로 발음하기 쉽고, 무엇보다 우리 아이에게 어울릴 이름을 찾기 시작했다.

갓 태어난 주제에 맨날 인상을 팍 쓰고 있는 이 녀석의 카리스마가 보통이 아니라고 느낀 우리는 X맨의 늑대 인간 캐릭터인 로건이라는 이름을 주기로 했다.

로건이는 11개월부터 걷기 시작했다.

돌잔치 때는 멋쟁이 구두를 신고 여기저기를 마구 걸어다녔다. 어른들은 로건이가 운동선수가 되겠다며 재미있어하셨다.

돌잡이에서는 청진기를 잡았다가 돈을 꽉 쥐어 구겨서 던져버리고 작은 공을 휙 던진 후에 결국 판사봉을 잡았다.

친정 엄마는 박수를 치며 "로건이 판사 되는 거야?" 하고 꺄르르 웃음을 터뜨리셨다.

우리는 '판사가 된 로건이', '의사가 된 로건이', '운동선수가 된 로건이', '스타가 된 로건이'를 상상하며 즐거워했다.

이름에서부터 아이에게 너무 큰 기대를 짊어지게 한 걸까?

돌잔치가 끝난 후부터 아이의 발달을 의심하며 갸우뚱 갸우뚱……. 그렇게 로건이는 18개월에 자폐 스펙트럼이라는 진단을 받았다.

의사 선생님께 설명을 들었지만 기억은 안 난다. 집으로 돌아와 스마트폰으로 검색해 봤다.

지식백과가 알려주는 자폐성 장애의 참담한 예후를 읽어내려가는 동안, '판사 로건이', '의사 로건이', '운동선수 로건이'…… 나의 상상 속 무수히 많았던 로건이들은 어찌할 바를 모르고 있었다.

남편은 말했다.
"자폐는 스펙트럼이라잖아. 찾아보니까 자폐 아이들 중에서도 일부는 정상 발달을 한대. 그러니까 열심히 해보자."

듣던 중 반가운 소리다. 그래. 게다가 우리는 일찍 발견했잖아.

자폐는 조기에 개입하면 예후가 좋다고 마침 지식백과에도 쓰여 있었다. 슬퍼할 겨를도 없이 '파이팅'을 외치며 우리는 자폐 스펙트럼의 세계에 발을 디뎠다.

자폐 아이에게 좋지 않다는 음식을 멀리하며 곧바로 GFCF(글루텐 프리, 카제인 프리) 식단을 시작했다.

영양 흡수가 어렵다는 전문가의 말에 따라 각종 비타민과 영양제를 추가하기 시작했다. 하루에 먹여야 할 영양제는 어느새 27가지에 이르렀다.

매일 치료 센터에 가야 하고, 아이가 좋아하는 음식은 먹일 수 없고, 입에 잘 넣지도 않는 영양제들을 정해진 시간에 맞춰 먹이는 전쟁 같은 하루하루. 그렇게 아이와 씨름하며 첫 1년을 보냈다.

힘들게 노력했지만 아이는 별로 달라진 게 없었다.

세 번째 생일 케이크에 촛불을 꽂고 노래를 불렀지만, 나는 마음속으로 울고 있었다. 진단을 받았던 그때와 지금을 비교해 봐도 나아진 점이 하나도 없다는 생각이 들었다.

'골든 타임은 지나갔구나.'

자폐 아이들 중 간혹 눈에 띄게 좋아지는 아이들도 있다는 희망 하나로 버텼는데 그 희망이 이제는 더 이상 손에 잡히지 않았다. 그제야 참아왔던 슬픔이 터져 나왔다.

늦은 밤, 혼자 울며 '판사 로건이', '의사 로건이', '운동선수 로건이'와 이별했다. '대학생 로건이', '밥벌이는 하는 로건이', '장가 가는 로건이'도 이제는 보내줘야 하는 걸까 생각하니 가슴이 미어졌다.

아이의 자폐를 알기 전, 너무도 당연하게 그려왔던 평범한 미래는 나에겐 있을 수 없는 판타지가 되었다.

아이를 키우며 나는 환상 속 '멋진 로건이들'과 차례차례 이별했다.

로건이가 일곱 살이 된 추운 겨울날 문득 깨달았다.
이제 내 마음속에는 어떤 로건이도 남아 있지 않다는 것을.
수없이 많은 로건이들과 이별하고 눈앞에 있는, 있는 그대로의 '진짜 로건이'를 마주했을 때 아이의 모습이 어찌나 예쁘던지. 마음은 편안해졌고, 입가에는 미소가 번졌다.

자폐 진단을 받은 후, 아이를 잃었다고 생각했다. 잃어버린 아이를 되찾기 위해 싸우는 마음이었던 것 같다. 그래서 아이가 새로운 일을 해내는 걸 보면 '내 노력 덕분이야' 하는 생각이 먼저 들곤 했다.

언제인지 정확히 알 수는 없지만, 나는 로건이를 다시 낳았다.

'당연히 이렇게 큰다'고 생각했던 기대도, 세상의 기준도 벗겨내고, 다른 자폐 스펙트럼 아이들을 보며 '저 애는 그래도 말은 하는데'하면서 비교했던 마음도 벗겨내고, '내 아들 로건이'로서만 존재하는 이 아이를 온전히 다시 낳았다.

그러고 나니 무언가를 배우고 해내는 아이의 모습을 봐도 내 노력은 떠오르지 않는다.

그저 아이가 대견할 뿐이다.

아이를 다시 낳는 데 7년이 걸렸다. 첫 번째 출산은

23시간이 걸렸으니 몇 배인지 계산도 안 될 만큼 긴 시간이다. 두 번째 출산은 첫 번째 출산보다 몇 배는 괴로웠지만 나에게 꼭 필요한 과정이었다.

비교의 늪

 아이가 자폐인 걸 몰랐을 때 어딘가 많이 다른 로건이를 다른 아이들과 비교했었다. 또래 아이들을 같이 놓고 보는 자리가 생기면 '쟤는 저걸 하네' '쟤는 저걸 못하네' 끊임없이 비교를 했다. 그 비교를 통해 로건이가 단순한 발달 지연이 아닌 자폐성 장애라는 것을 알게 되었지만 진단 후에도 비교는 멈추지 않았다. 발달이 조금 늦된 소위 '느린 아이'들과 비교했다. 정상 발달이라는 아이에게서 로건이와 비슷한 모습이 보이면, 로건이도 '정상'이 될 수 있을지도 모른다는 위안을 찾았다. 시간이 지나 '느린 아이'들이 우리 아이와는 비교가 될 수 없을 정도로 훌쩍 성장하고 나서는 이제 좀 비교를 안 하고 사나 했다. 하지만 더 지독한 비교의 문이 열렸다. 같은 자폐 아이들끼리의 비교.

 자폐 스펙트럼이라는 장애는 말 그대로 스펙트럼 장

애라 '자폐성 장애'라는 동일한 진단명을 받았을 뿐 기능과 성향은 아이들마다 전부 다르다. 비교를 하자면 끝이 없었다. 자폐 스펙트럼 인터넷 카페 글을 보면서, 유튜브에 나오는 다른 자폐 아이를 보면서, 치료 센터에서 만난 다른 자폐 아이들을 보면서 '쟤는 그래도 말을 하네', '쟤보다는 그래도 우리 애가 낫네.' 이 거대한 스펙트럼 안에서 로건이는 어디쯤에 있는지 끊임없이 확인하려 했다. 마치 긁을수록 덧난다는 걸 알지만 도무지 긁는 것을 멈추지 못하는 피부병 같았다. 무자비하게 긁은 자리에 피가 나고 살갗이 짓무르듯, 비교가 지나간 자리엔 언제나 폐허가 된 마음만 누추하게 남았다.

'나는 정말 쓰레기야. 하다하다 같은 장애 아이들이랑 비교를 하고 앉았을까.'

생각해 보면 나는 쭉 비교하는 걸 배우며 자란 것 같다. 어려서는 '어느 쪽이 더 많은가요?'라는 퀴즈를 맞춰야 했고 커서는 물건 하나를 사도 최저가가 어디인지 찾아봤다. 내내 그렇게 살아와서 그런지 나의 뇌는 내 아이와 비슷한 아이들을 보면, 아무리 그러지 않으려 해도 3초 이내로 비교 분석이 자동으로 끝나버리는 미치광이 슈퍼 컴퓨터가 되어있었다.

로건이가 다섯 살이 되고 어린이집 장애 통합반을 다니며 자폐 아이 친구 엄마들을 사귀었다. 유튜브를 하면서 처음으로 오프라인에서 만난 구독자도 생겼다. 다른 엄마들과 인연을 맺으며 여러 자폐 아이들을 실제로 만나 함께 키즈 카페를 가기도 하고 여행도 다니며 공동 육아를 하게 되었다. 로건이처럼 말을 하지 못하고, 상동 행동(의미 없이 반복하는 행동)도 하는 아이들과 함께 다니다 보니 처음에는 마음이 편했다. 하지만 그와 동시에, 말로 설명하기 어려운 두려움도 생겼다. 또래 아이들이 로건이를 훌쩍 뛰어넘어 성장해 가는 모습을 수없이 지켜봤던 경험이 있었기 때문이었다. 지금은 로건이와 비슷해 보이는 이 아이도 언젠가는 말을 잘하게 되고, 훨씬 빠르게 성장한다면 그때도 나는 지금처럼 그들을 편하게 대할 수 있을까? 그렇다고 저 아이가 성장하지 않기를 바라는 것은 아닌데……. 지금은 즐겁게 웃고 지내고 있지만 어쩌면 나는 못난 마음을 감추고 있는 것 아닐까? 막연한 두려움과 걱정이 있었다.

자폐 '스펙트럼'답게 아이들은 모두 천차만별이었다. 어떤 아이는 말을 잘했고, 어떤 아이는 시계를 볼 줄 알았고, 어떤 아이는 노래를 잘 불렀고, 어떤 아이는 말은 못해도 같이 식당을 가면 1시간 이상 엄마 옆에 잘 앉아 있었다. 로건이보다 나은 점을 보면 부러운 마음이 생겼다. 하지만 마음이 괴롭지는 않았다. 왜 그랬을까? 센터에서 잠깐 보거나, 유튜브에서 편집된 영상으로 보는 것과 달리 긴 시간을 함께했기 때문이었다.

길게 보니 아이들의 성향과 기능은 전부 달라도 한 가지 공통점이 있었다. 문제 행동은 모두에게 있다는 것이다. 유형이 다를 뿐 내가 만나본 모든 자폐 아이에게는 해결하기 힘든 문제 행동이 있었다. 발달 센터 부모 대기실에서 다른 엄마와 잠깐 얘기를 나눌 때에도 서로 다른 고충이 있다는 건 알고 있었다. 하지만 속으로 '로건이에 비하면 별것도 아니구만' 생각하곤 했다. 그러나 실제로 자폐 아이들과 긴 시간 공동 육아를 하며 그 아이의 문제 행동을 직접 옆에서 보고 그 순간의 고비를 같이 넘겨보니 확실히 알게 됐다. '자폐 아이들은 기능에 상관없이 키우기 보통 힘든 게 아니다.' 사실 양육을 하는 데 그다지 힘든 점이 없었다면 자폐성 장애라는 진단은 나올 수도 없었을 것이다.

여기까지 생각이 미쳤음에도 다른 자폐 아이가 부러운 순간은 종종 온다. 그럴 때 스스로에게 질문을 한다.

'부러우면 저 아이랑 로건이를 바꿔서 저 아이를 키울래?'

그 질문에는 언제나 '아니'라는 답이 단번에 나왔다. '너의 그 에코백, 샤넬 백이랑 바꿀래?'라는 질문에는 고민 없이 '응, 바꿀래' 대답이 나올 것이다. 하지만 로건이만큼은 그 어떤 예쁘고 똑똑한 아이와도 바꾸고 싶지 않다. 아무리 비교하지 말라는 명령을 내려도 제멋대로 비교 분석을 끝내놓고 내 마음을 후벼파는 미치광이 슈퍼 컴퓨터에게도 대전제는 있었나 보다.

'그럼에도 불구하고 로건이를 절대 그 누구와도 바꿀 순 없다.'

어쩌면 너무나 당연한 건데, 아이를 키우며 힘들다 보니 불안, 걱정, 질투, 억울함 같은 감정들이 쌓여 이 당연한 마음을 가리고 있었다.

대전제를 발견한 이후로 나는 로건이가 스펙트럼의 어디쯤에 있는지 알 필요가 없어졌다. 어디에 있든 결론은 하나이기 때문이다.

'로건이가 어떤 모습이든 나에게는 그 누구와도 바꿀 수 없는 제일 사랑하는 존재다.'

전에는 다른 아이가 부러운 마음이 들면, 내 아이를 한심하게 바라보던 마음이 들킨 것 같아서 그 마음을 서둘러 꾸깃꾸깃 구겨서 마음 깊은 곳에 처박아버리고는 자괴감에 빠져 괴로워했다. 하지만 로건이를 누구와도 바꿀 수 없다는 대전제를 발견한 후로는 나도 모르게 비교를 하게 되더라도 죄책감으로 괴롭지는 않다. 요즘에는 다른 아이를 보며 "우와 진짜 잘한다. 부럽다!" 라는 말을 웃으면서 하기도 한다.

'부러우면 지는 거'라고 사람들은 말하지만 부러우면 부러운 거지, 이제는 부러움이 나에게 패배감을 남기지 않는다. 아마도 이 거대한 스펙트럼의 프리즘 속에서 로건이를 꺼내어 '내 아들 로건이'라는 이름 하나로 함께 걷고 있기 때문일 것이다.

모래로 된 아이

자폐 진단을 받고 치료에 올인한 지 1년 반이 흘렀을 때였다. 정상이 될지도 모른다는 희망으로 시작했지만, 아이는 나아지기는커녕 점점 더 퇴행을 하고 있었다.

상동 행동은 없었는데 어느 날부터 자기 손바닥을 바라보며 주먹을 쥐었다 폈다 반복하기 시작했다. 나는 "그래, 로건아. 그건 묵! 그건 빠!" 하며 알려주려고 했다.

내 말은 들리지 않는지 계속 손바닥만 바라보며 주먹을 쥐었다 폈다 반복하다가 손이 눈과 점점 가까워지며 더 빠르게 움직이기 시작했다.

내 머릿속에 있는 '전형적인 자폐아'의 모습 그대로였다.

보기가 괴로워 손을 꽉 붙들고 못하게도 해봤지만 소용이 없었다.

아이는 상동 행동의 재미에 눈을 떴다. 종일 상동 행동을 하고 놀았다.

그동안 해온 치료들이 물거품이 되는 것 같았다.

로건이는 보통의 사람들과는 다르게 보는 것 같았다.
옆에서 관찰해 보면, 선택적 아웃 포커싱 기능이 있는 카메라처럼 세상을 보는 듯했다.

매일 다니는 동네 산책길에서도 로건이 눈에는 빙글빙글 돌아가는 미용실 간판만 또렷이 보이고 나머지는 전부 희미하게 블러 처리가 되어 보이나 보다.

저 멀리 미용실 간판이 보이면 오토바이가 눈 앞에서 쌩 지나가는 것도 신경 쓰지 않고 곧장 미용실까지 단숨에 뛰어갔다.

슈퍼스타의 콘서트 1열에서 환호하는 극성 팬처럼 빙글빙글 돌아가는 미용실 간판을 향해 열광했다.

언젠가는 길을 걷다가 갑자기 멈춰 서서 어디인지 알 수 없는 먼 지점의 허공을 응시하며 또다시 극성 팬의 모습이 되었다.

로건이의 눈이 향한 곳을 아무리 봐도 도대체 뭘 보는 건지 알 수 없었다.

한참이 지나서야 알게 된 로건이의 슈퍼스타는 길 건너 건물의 옥상 끝에서 빙글빙글 돌아가는 환풍기였다. 얼마나 멀리 있는지 쌀알보다도 작게 보였는데, 그렇게 작은 것도 선명하고 또렷하게 보였나 보다.

그렇게 멀리 있는 것도 잘 보는 아이가 지나가다 마주쳐 인사하는 동네 주민들이나 놀이터에서 같이 놀자고 다가와 바로 옆에서 말을 거는 또래 아이들은 투명인간처럼 대했다. 머쓱하게 대신 인사해 주는 건 늘 내 몫이었다.

한동안 나의 관심사는 '로건이가 지금 보고 있는 것'이었다.

무언가를 보게 하기가 힘드니, 아이가 지금 보고 있는 대상을 말로 설명해 주면 학습이 될 것이라고 생각했다. 하지만 로건이가 관심 있게 보는 대상은 멀리 있는 건물 끝 환풍기처럼 바로 알아차리기 힘들었다.

자폐自閉라는 용어의 의미대로 자폐성 장애인은 '스스

로 갇힌 사람'이라고 표현하기도 한다.

 아이가 스스로 문을 닫은 거라면, 나는 아이가 있는 세상으로 들어가서 같이 놀아주고 싶은 마음이 굴뚝 같았다.

 그런데 들어가는 문이 어디 있는지 알 수 없었다.

 로건이의 눈에 레이저 포인터 기능이 있으면 좋겠다는 상상도 했다. 아이가 지금 보는 것이 무엇인지 바로 알 수 있도록 말이다.

 그러면 네가 놀고 있는 그 세상 속에 나도 들어갈 수 있을 텐데.

 추운 겨울이었다. 어린이집에서 하원한 로건이와 편의점에 들러 과자 하나를 사먹고, 집으로 돌아오는 길이었다. 집 근처 초등학교 입구에는 철로 만든 바람개비들이 줄지어 서있었다.

 세찬 바람에 쌩쌩 돌아가는 바람개비들을 멀리서 본 로건이는 손에 과자를 든 채 신이 나서 달려갔다.

 들고 있던 과자는 길 위에 모두 쏟아졌다. 나는 속이

상해 씩씩대며 과자를 주워 담고, 로건이에게 다가갔다.

"로건아! 로건아!"

내 부름에도 아이는 나를 보지 않았다. 돌아가는 바람개비만 봤다. 아이는 그 앞에서 방방 뛰며 열광하고 있었다.

호명 반응이 되지 않는 건 익숙했지만, 그날따라 이상하게 오기가 생겼다.

바람개비가 아니라 나를 보게 하고 싶었다. 더 가까이 가서, 더 큰 목소리로 여러 번, "로건아!" 하고 외쳤다.

하지만 아이는 끝내 나를 보지 않았다.

그 순간, 로건이가 백일 때, 여섯 달쯤 되었을 때 나를 보며 까르르 웃던 모습들이 주마등처럼 스쳐갔다.

바람개비 앞에서 방방 뛰는 로건이 안에 그때의 그 아이가 분명히 있는데, 점점 사라지고 있었다. 로건이의 알맹이가 서서히 증발해 사라져가는 것처럼.

불어오는 바람에 흩날리며 날아가 버리는 모래로 된 아이 같았다.

세차게 불어오는 바람 속에서, 나는 아이를 부둥켜안

았다. 그리고 말했다. "없어지지 마."

그렇게 겨울의 한복판에서 바람개비에 환호하는 로건이를 붙들고 펑펑 울었다.

나의 발달 느림보 친구들

 로건이가 여섯 살이 되던 봄날 개울가를 산책하다가 우연히 남편이 개구리 알을 발견하고는 조금만 담아 가서 키우자고 했다. 나와 남편은 생물 관찰하는 것을 좋아하는 취향이 닮았다. 가지고 있던 테이크 아웃 커피 잔에 개구리 알을 담아와서 키우기 시작했다. 세어보니, 가지고 온 개구리알은 대략 100개 정도. 개구리알은 우리가 아는 것처럼 올챙이가 되었다가, 뒷다리, 앞다리가 나오고 꼬리가 점점 짧아지는 과정을 거쳐 개구리로 자랐다. 나는 매일 수조를 들여다보며 그 과정을 지켜보았다. 그 속에서 유난히 발달이 느리거나 조금은 다르게 자라는 개체들이 눈에 들어오기 시작했다.

 100개의 알 중 두 개는 부화하지 못하고 그대로 죽었다. 부화한 올챙이들 중 한 마리는 몸통 끝과 꼬리 시작 지점이 'ㄱ'자로 꺾인 모양이었다. 그 올챙이는 알에서

깨어난 뒤 사흘쯤 살다가 죽었다. 그 외의 올챙이들은 모두 비슷한 크기로 건강하게 자라났다. 시간이 흐르며 올챙이들에게 뒷다리와 앞다리가 나기 시작했다. 개체별로 발달 속도에 차이가 생기기 시작했고, 시간차는 있었지만 대부분의 올챙이들은 네 다리를 다 갖춘 개구리로 자라났다.

 하지만 다른 아이들이 완전히 개구리로 변태를 마칠 때까지도 뒷다리가 나오지 않거나, 뒷다리만 나오고 앞다리가 끝내 나오지 않은 올챙이들이 있었다. 그런 올챙이들이 모두 여덟 마리. 나는 그 아이들을 '발달 느림보'라 부르며, 다른 어항에 따로 옮겨 키우기 시작했다. '발달 느림보' 올챙이들도 결국 모두 앞다리와 뒷다리를 갖게 되었다. 마지막 느림보의 앞다리가 나왔을 무렵, 다른 개체들은 이미 폴짝폴짝 뛰고 있었다. 그 사이엔 약 보름 정도의 격차가 있었다. 나는 개구리 알을 처음 데려온 개울에 개구리들을 모두 풀어주었다. '발달 느림보'들은 제일 마지막에 풀어주었다. 늦되게 자란 '발달 느림보'들이 더 씩씩하게 잘 살아가기를 마음속으로 응원했다.

로건이의 자폐를 알고 난 뒤, 나는 한동안 '도대체 왜 우리 아이가 자폐가 된 걸까?'라는 질문 속에 갇혀 살았다.

"도대체 왜?"

정답 없는 그 질문은 의학적인 설명으로도, 철학적인 위로로도 해결되지 않았다. 결국 팔자려니 하며 체념하듯 살아가고 있었는데, 발달 느림보 올챙이들을 지켜보던 어느 날 문득 이런 생각이 들었다. 만약 내가 평생 동안 쓸 난자를 개구리알처럼 한꺼번에 꺼내놓고 올챙이 관찰하듯 지켜볼 수 있다면 아마 대부분은 문제없이 자랐을 것이다. 하지만 그중 일부는 발달이 너무 빠르거나, 또 어떤 것은 발달상의 문제가 무언가 생겼겠지. 나와 남편의 유전자가 아무리 우월하다 해도 이건 자연의 법칙이라 피해갈 수 없었을 것이다. 그리고 내가 로건이를 낳은 것은 말하자면 눈을 감고 고른 것이다. 그 과정에는 어떤 의도도, 이유도 없다. 우연이었고 개입할 수 없었으므로, 결국 운명이구나.

"도대체 왜?"라는 질문에 "운명입니다", "원래 자폐는 몇 퍼센트의 확률로 생깁니다" 수많은 답을 들었지만, 그 어떤 말도 내 마음에 닿지 않았다. 그런데 우연히 개구리알을 가져와 '발달 느림보' 올챙이들을 지켜보면서 마음에 들어오지 않았던 그 답안들에 조용히 순응하게 되었다. 로건이 역시 자연의 법칙 중 하나라는 것을 받아들이게 되었다.

내 마음은 고장난 흑백 텔레비전이었다

아이의 자폐를 알게 된 지 36개월이 지났지만 로건이는 여전히 무발화 상태였다. 스스로 내뱉는 자발어는 하나도 없다. 의미를 알 수 없는 외계어 같은 옹알이는 하지만 '아' 소리 한 음절도 모방하지 못했다.

손가락으로 무언가를 가리키며 의사 표현을 하는 포인팅은 아무리 가르쳐도 되지 않았다. 내가 손끝으로 무엇을 가리키면 그 방향을 쳐다봐야 한다는 개념조차 이해하지 못했다.

언어로도, 비언어로도 아이와 소통이 되는 느낌이 없었다.

노력을 하지 않은 것도 아니고 치료 시기를 놓친 것도 아닌데, 아이의 상태는 좀처럼 나아지지 않았다.

'36개월'은 많은 전문가들과 엄마들에게 하나의 기준이 되는 시점이다. 발달이 느려 말을 못한다던 아이들도 대개 이 즈음엔 말문이 트이고, 눈에 띄게 치고 올라가는 모습을 보인다.

그 기준선을 훌쩍 넘겼는데도 로건이는 여전히 할 줄 아는 말이 하나도 없었다. 그 사실이 나를 점점 더 조급하게 만들었다.

'혹시, 우리 아이가 영원히 말을 못하는 건 아닐까?'

그 생각이 공포로 번지자 예민해졌다. 마음에 날이 서기 시작했다.

뾰족해진 마음은 평소엔 조용히 가라앉아 있다가도 산책 중에, 마트에서 돌이 갓 지난 십 몇 개월 아기가 야무지게 말을 하는 모습을 볼 때마다 불쑥 튀어나왔다.

'잘 걷지도 못하는 애가 말은 왜 저렇게 잘하는데?'

누가 봐도 예쁘고 사랑스러운 아기를 조용히 지켜보다가, 더는 보기 싫어 고개를 돌려버리곤 했다.

로건이 또래의 아이들이 날갯짓을 배워 둥지를 떠나는 모습은 이제 익숙해졌다.

그런데 이제 막 걸음마를 뗀 아기들마저 제법 날개를

퍼덕이며 날 준비를 하는 걸 보면, 덜컥 겁이 났다. 작고 예쁜 아이들을 고운 시선으로 바라보지 못하게 되어버렸다.

이런 나의 모습을 직면하게 될 때, '나는 완전히 망가졌다'는 생각이 들었다.

어린아이라면 그저 눈에서 꿀이 뚝뚝 떨어져 시간 가는 줄 모르고 놀아주는 사람이 바로 나였다. 어릴 때부터 그랬다. 친정 엄마가 말하길, 나는 나도 어린애면서 사촌동생을 종일 안아주고 놀아주는 아이였다.

그랬던 내가 이제는 세상 모든 아이들이 예쁘지 않다.

내 아이가 자폐라는 걸 알고 난 후로 형형색색 컬러로 보았던 아름다운 세상이 점점 흑백으로 변해가는 느낌이었다. 말 잘하고 똘똘한 아이를 얄미워할 때마다 '나는 망가졌다'는 생각에 고통받았다.

어느 초여름날 로건이와 공원에서 산책을 하다가 풀밭에서 공을 갖고 노는 아이를 보았다. 서있는 아이 무릎 높이보다 탱탱볼이 큰 걸 보면 15개월 정도 됐을 거다. "아빠빠빠!" 하며 아빠를 손으로 가리키고, 공을 차며 나아가다가 헛발질을 하며 쿵 넘어졌다.

나도 모르게 남편에게 "봤어? 봤어? 엄청 귀엽지~"라고 말해버렸다.

순간적으로 놀랐다. 나의 고장난 흑백 TV가 잠깐 4HD 컬러 TV가 된 순간이었다.

그 아이를 조금 더 지켜봤다. 아빠와 함께 상호 작용하면서 노는 모습을 한참이나 봤는데도 여전히 귀여웠다.

3년이었다. 자폐 아이 엄마가 된 지 3년이 넘어서야 다른 아이들을 편하게 볼 수 있었다.

로건이가 여덟 살이 된 지금은 어린아이가 말을 잘하면 귀엽기도 하지만 우선은 신기하다. 저렇게 작은 아이가 가르치지도 않은 말을 어쩜 저렇게 잘할 수 있을까? 신비롭다.

세상의 기준으로 '정상적'인 발달을 하는 아이가 내게는 신기한 존재가 되었다는 것이, 그동안 내가 로건이를 기준으로 살아왔다는 반증일지도 모르겠다. 나의 세상에서는 로건이가 '정상'이 되었나 보다.

다행과 덕분

평창의 발왕산 천년주목 숲길을 가면 보물 같이 멋진 주목 나무들을 구경하는 재미가 있다. 로건이와 함께 간 발왕산 천년주목 숲에서 '왕발주목'을 보았다. 커다란 바위 위에 떨어진 씨앗이 살아남기 위해 바위를 타고 내려가 결국 땅에 뿌리를 내린 모습이 마치 '왕발'처럼 보여 그렇게 불리게 되었다고 한다. 어려운 환경에서도 포기하지 않는 의지가 있다면 성공할 수 있다는 영감을 주는 나무로 많은 사람들이 사진을 찍는 포토스폿이다. 나 또한 척박한 환경에서도 끝내 살아남은 왕발주목의 모습을 보며 경탄했고, 살면서 종종 그 나무를 떠올렸다.

어느 날 달리기를 하다 문득 왕발주목의 시작은 어땠을까 생각해 봤다. 그 씨앗은 정말 생존에 대한 대단한 의지력만으로 '왕발주목'이 될 수 있었던 걸까? 폭신

한 흙바닥이 아닌 커다란 바위 위로 씨앗이 떨어진 것은 맞다. 하지만 아마도 바위의 움푹 패인 곳에 떨어졌을 것이다. 그 덕분에 고인 물로 발아를 했을 것이다. 뿌리를 내릴 흙을 찾아 더듬더듬, 나무보다는 담쟁이덩굴의 형상에 가까운 기이한 모습으로 바위에 붙어 납작하게 자랐을 것이다.

위로 자라야 할 나무가 커다란 바위를 타고 기어내려가 마침내 흙바닥에 닿는 그날까지 수많은 '다행'과 '덕분'이 있었을 것이다. 때때로 내려주는 빗물 덕분에, 바위에 붙어 자란 덕분에, 다행히 날짐승에게 밟히거나 먹이가 되지 않았을 것이다. 초반에는 기이한 모습으로 성장했을 테지만 바위를 품은 뿌리 덕분에 태풍이나 산사태 같은 자연재해에도 버티고 천 년이 넘게 살아남아 지금까지 많은 이들에게 영감을 주게 된 것이 아닐까?

로건이도 나도 폭신한 땅이 아닌 커다란 바위에 떨어졌지만 사랑하는 가족이 있어 싹을 틔웠다. 남들이 쑥

쑥 자랄 때 우리는 갈피를 못 잡고 여기가 맞나 저기가 맞나 방황하면서, 오랜 치료에도 발달 연령은 고작 몇 개월 자라는 기이한 성장을 하고 있다. 다 때려치우고 자포자기하고 싶은 마음이 들 때도 많았지만 수많은 다행과 덕분으로 살고 있다. '장애인'이라는 안전 울타리 덕분에 아이와 함께라면 어디서나 제일 좋은 자리에 주차를 하고, 놀이동산에서도 줄을 서지 않고 놀이기구를 탈 수 있다. 이 아이에게 일반적인 교육은 힘들 것이라는 인정을 받은 덕분에 다행히 특수 교육 대상자로 선정되어 많은 도움을 받으며 학교를 다니고 있다.

우리는 아직 뿌리를 내릴 흙을 찾아 더듬더듬 내려가는 중이다. 그 흙이 어디에 있는지, 언제쯤 닿을지는 알 수 없다. 하지만 한 가지 분명한 것은, 왕발주목도 한참을 기이한 모습으로 버티며 바닥까지 내려간 후에야 하늘을 향해 뻗어올랐다는 것이다. 왕발주목이 흙을 찾아 바위를 타고 바닥으로 내려간 과정이야말로 나무로서 생존하기 위해 진정으로 필요했던 시간이었다.

성장

태풍이 치는 바다에서 발견한 것

로건이가 일곱 살이던 해 여름 방학, 엄마 둘, 자폐 아이 둘이 강원도 고성으로 여행을 떠나기로 했다.

그런데 출발 당일 아침, 도저히 여행을 할 수 없는 모든 조건이 완벽히 갖춰졌다는 것을 확인했다.

비가 내리고 있었고, 태풍주의보까지 예보되어 있었다.

설상가상으로 로건이는 전날 저녁을 잘못 먹었는지 새벽 내내 토를 하며 잠을 한숨도 못 잤다.

가족끼리였으면 당연히 취소했을 여행이지만, 친구와 함께 가기로 한 약속이어서 고민 끝에 소아과가 열자마자 진찰을 받고 상태가 조금 나아진 걸 확인한 뒤 고성으로 출발했다.

걱정을 안고 도착한 고성의 펜션 바로 앞은 바다였다. 하지만 풍랑주의보가 내려진 탓에 파도가 너무나 거세,

도저히 바닷가에서 놀 수 있는 날씨가 아니었다.

그렇다고 두 자폐 아이들이 눈앞에 펼쳐진 바다를 보고도 "태풍 때문에 지금은 못 놀아"라는 사정을 이해할 리 없었다.

파도는 거셌지만, 다행히 병풍처럼 큰 바위가 파도를 막아 작은 개울처럼 비교적 잔잔한 구역이 하나 있었다. '저기라면 괜찮겠다' 싶어, 아이들을 데리고 바다로 나갔다.

친구의 아들은 엄마가 허락한 안전한 구역에서 잘 놀았다.

문제는 로건이였다. 이유는 알 수 없었지만 병풍처럼 막혀 있는 바위가 로건이에겐 무서운 존재처럼 느껴졌던 모양이다. 앞이 뻥 뚫린 넓은 바다에서 놀겠다고 나를 잡아끌며 울고불고 고집을 부렸다.

말로 설명해 봐야 울기만 하니, 직접 겪어봐야 포기하겠지 싶었다. '어디 매운맛 좀 봐라' 하는 마음으로, 거센 파도를 향해 나아가려는 로건이를 잠시 놔두고 지켜봤다.

 로건이는 큰 파도에 두어 번 넘어지더니 이내 뒤로 조금 나와 파도를 한참 동안 바라보았다.

 한 자리에 가만히 서서 발바닥 밑의 모래가 파도에 쓸려나가는 모습도 유심히 관찰했다.

 바다를 향해 걸어 들어가다가 다가오는 거대한 파도의 타이밍을 예측해 뒤로 물러나기도 했다.

 이 순간은 내가 로건이를 키우며 가장 경이로웠던 장면이다.

 그동안 로건이를 데리고 물놀이를 많이 다녔다. 어디에서 놀든 로건이의 물놀이 방식은 늘 똑같았다.

 구명 조끼를 입고 발이 닿지 않는 곳까지 성큼성큼 들어가 둥실둥실 떠다니는 것.

 바다에서도 계곡에서도 수영장에서도 늘 그것만 했다. 모래놀이도 싫고 튜브도 싫고 오로지 그것만 하고 놀았다.

 로건이 옆에서 똑같이 구명조끼를 입고 둥실둥실 떠

다니며 종종 생각했다. '얘가 과연 바다와 계곡과 수영장의 차이를 알까?'

그동안 나는 로건이에게 늘 '놀기 좋은 완벽한 바다'만 보여줬었다. 그런데 하필이면 운도 없게 태풍이 치는 날 바닷가에 놀러 온 덕분에 로건이는 드디어 진짜 바다를 처음으로 관찰했다. 일곱 살 때였다.
'로건이는 드디어 바다가 뭔지 알았구나.'
가슴이 벅차올랐다. 이렇게 작은 일에 벅차오른다는 건, 그만큼 내가 아이에게 무언가를 가르치는 일이 힘들었다는 방증일 것이다.
해마다 바다에 와서 "로건아, 파도가 철썩철썩 한다"고 말해주곤 했지만 아이는 늘 관심이 없었다.
로건이가 바다를 응시하고, 파도를 관찰한 것은 이번이 처음이었다.

다음 날, 날씨는 맑았고 파도도 잔잔했다. 로건이는 '놀기 좋은 완벽한 바다'에서 처음으로 다양하게 놀기 시작했다.

밀려오는 파도를 부수듯 밟고 뛰어놀았고, 파도의 끝자락에 엎드려 뒤를 돌아보며 다음 파도가 칠 타이밍을 기다렸다가 몸을 던져 파도타기를 했다. 모두 처음 보는 모습이었다.

내가 그동안 로건이에게 보여주던 건 완벽한 바다였지만, 아이에게 가장 큰 가르침을 준 건 거친 바다였다.

아이의 장애를 알고 난 후로 '새옹지마塞翁之馬'를 늘 가슴에 품고 산다. 고대하던 여행 날 재수 없게 들이친 태풍에 감사했던 2024년의 여름 고성 앞바다를 잊지 못할 것이다.

아이의 감각에 반응하는 법

트램펄린, 키즈 카페, 워터파크, 놀이동산. 로건이가 특히 좋아하는 장소들이다. 장애가 없는 아이였다면, 이런 곳을 자주 다니며 또래 아이들과 마찬가지로 그 시기의 즐거움을 마음껏 누리게 했을지도 모른다. 하지만 우리 가족은 이런 장소를 자주 가지 않는다.

자폐 스펙트럼 아이들이 정신과에서 처방받는 약물 중에는 도파민 조절제가 많은 편이다. 뇌에서 과도한 자극을 조절하고 균형을 맞추는 역할을 하는 약이라고 한다. 그렇다면 일상 속에서도 도파민의 흐름을 너무 들쭉날쭉하게 만들지 않는 것이 아이에게 도움이 되지 않을까 하는 생각이 들었다.

장애가 없는 아이도 마찬가지일 것 같다. 나 역시 어릴 적 놀이동산에 다녀오고 나면, 한동안 동네 놀이터가 심심하게 느껴졌던 기억이 있다. 감각은 한 번 큰 자극에 노출되면 그 이전으로 돌아가기 어려운 경향이 있다. 그래서 나는 놀이동산, 키즈 카페, 워터파크와 같은 장소는 폭염이나 한파 등 외부 활동이 어려운 시기에만 간다. 평소에는 집 앞 공원, 숲길, 바닷가, 계곡처럼 자극이 덜한 환경에서 노는 시간을 늘리려고 노력한다.

무조건 조용한 곳을 가라는 것은 아니다. 자극의 강도를 서서히 조절하고 관리해 주는 것이 필요하다는 생각이다. 이것이 로건이의 감각에 반응하는 나의 방식이다.

오늘이 첫 날이야

"진희야. 지금 다른 거 할 때가 아니야. 로건이는 기저귀부터 떼야 돼."

로건이가 다섯 살이 된 겨울, 어떤 치료를 해야 할지 물어보는 나에게 자폐 아이를 키우고 있는 선배 언니가 해준 말이다.

"자폐 아이 기저귀 떼는 게 너무 힘들고 막막한 거 알아서 강요할 수는 없는데 기저귀부터 떼야 돼. 자폐 아이가 말 못하고 한글 모를 수도 있어. 그런데 기저귀는 떼야 돼."

'올 게 왔구나.'

기저귀 떼기를 시도해 보지 않은 건 아니었다. 몇 번의 시도가 있었지만 소변 간격이 10분으로 짧아도 너무 짧아서 막막했다. 그래서 언젠가 아이가 말도 알아듣고 의사소통이 어느 정도 되면 해야지 하고 미뤄두고 있었다. 하지만 더 이상 물러날 때가 아님이 느껴졌다. '아이가 말을 어느 정도 하면 뭔가를 하겠다' 라는 전제를 달면 자폐 아이에게는 영영 그때가 안 올 수도 있다.

마침 곧 있으면 새해가 된다. 누구에게나 1월은 무언가 다짐하고 실천하기 좋은 달이다. 그렇게 나는 로건이가 여섯 살이 되는 1월 1일부터 기저귀 떼기를 하기로 결심했다.

막막했던 나는 언니에게 어떻게 해야 하는지 이것저것 물어봤다. 언니의 대답은 의외였다.

"팬티를 몇 개 준비하고 소변 텀을 보고 이런 것보다 엄마의 화병약을 지어야 해."

"푸하하하. 그만큼 화가 난다는 거야?"

"아니, 그게 아니라 아이에게 화를 내면 안 된다는 거야. 아무리 머리 꼭대기까지 화가 나도 절대 아이에게 화내면서 가르치지 마. 변기에서 똥 싸고 오줌 누는 건 우리에게나 당연하지, 아이에게는 너무 힘든 일이야. 한 번이라도 변기에 싸주면 고집을 꺾어준 걸 감사히 생각해. 그리고 날짜를 세지 마. 지금이 며칠째인데 아직도 하네 못하네 하지 마. 될 때까지, 아침에 해가 뜨면 그날이 '데이 원day 1'인 거야. 내가 추천하고 싶은 건 한 달 동안 어린이집, 센터 전부 쉬고 집에서 기저귀 떼기만 하는 거야."

"아이랑 둘이서 집에만 있으라고? 로건이는 집에 있으면 자꾸 나가려고 해. 엄청 힘들 텐데 외출은 좀 하면서 해야지."

"재밌고 좋은 데 다니면서 기저귀 못 떼."

로건이가 여섯 살이 된 첫날, 어린이집과 센터에 1월 한 달간 쉰다고 전화를 돌렸다. 정말로 로건이와 집에만 콕 박혀 기저귀 떼기만 할 작정이었다. 첫째 날은 한 번도 변기에서 성공을 못했다. 변기에 앉혀놓으면 한참이 지나도 누질 않고 참으며 거부하다가 일어서서 조르르 걸어가며 쉬를 했다. 그 모습에 너무 화가 났지만 절대 화내지 말라던 선배 언니의 조언을 떠올리며 잽싸게 소변을 닦고 바지와 팬티를 갈아입혔다.

"변기에 쉬해." 알려주고 빈 종이에 소변을 눈 시간을 적었다. 하루 종일 아이가 언제 싸나 아이의 팬티만 쳐다보고 지내니 눈이 빠질 듯 피로했다. 아이를 밀착 마크하듯 쫓아다니며 팬티만 보고 있었지만 첫째 날은 실패였다.

둘째 날에도 마찬가지. 첫째 날과 다른 게 있다면 다짐을 해도 화가 새어나왔다는 것이다. 한참을 변기에 앉아있다가 안 한다며 팬티를 입고 두 걸음 걸어가며 바지에 오줌을 주르륵 싸버리면 어쩔 수 없이 화가 치밀어올랐다. 결국 화가 잔뜩 들어간 목소리 톤으로 눈을 부릅뜨며 소리쳤다.

"너 지금 계속 참고 있지! 여기에 쉬해! 변기에 하는 거야. 이제 기저귀는 없어!"

곧장 로건이는 내 머리끄덩이를 잡았다. 텐트럼tantrum(강한 감정을 제어하지 못해 격렬하게 표출하는 행동)이 시작되었고 아이랑 한바탕 전쟁을 치렀다. 이게 그렇게 어려운 것일까?

디스크로 병원에 입원한 적이 있었다. 누운 자세에서 옆으로 돌아눕기도 힘들어 꼼짝을 못했다. 그때 간병인 분이 이 정도면 화장실은 못 간다고, 기저귀를 채워드릴 테니 그냥 침대에서 볼일을 보라고 하셨었다. 죽어도 그건 못 하겠어서 기를 쓰고 화장실까지 갔던 기억이 있다. 로건이가 변기에 죽어도 못 싸는 건 그때 내가 기저귀에 죽어도 못 싸겠는 마음과 같을 것이라고 생각하며 화를 누그러뜨리려 했다.

그렇게 둘째 날 저녁 8시가 되어서야 로건이는 처음으로 변기에 쉬를 했다. 변기에 누는 것이 분한지 짜증 내고 씩씩거리며 소변을 눴지만 기특하고 고마워 눈물이 났다. 이런 걸로 펑펑 운다며 나를 놀리는 남편 앞에서 로건이를 끌어안으며 말했다.

"고집을 꺾어줬잖아. 그게 너무 고마워."

첫 번째 성공이 힘들었지 그 다음부터는 소변 볼 시간이 되었을 때 변기에 데려가면 잘했다. 그렇게 의외로 3일 만에 기저귀 떼기를 졸업하는 줄 알았다. 하지만 기저귀 떼기란 2년 이상의 장기 레이스였다. 바지에 실수하는 일이 거의 없다가도 간혹 실수를 했고 어떨 때는 '몽땅 까먹어버린 건가?' 싶게 하루에도 몇 번이나 반복해서 바지에 실수를 했다.

여덟 살 1월, 등원하려고 나서는데 신발장에 선 채로 소변을 주르륵 싸는 로건이를 보며 어이가 없었다. 화가 났다.

"너 왜 그래? 바로 옆에 화장실이 있잖아. 바지 입고 오줌을 싸면 어떡하니, 이제 여덟 살인데!"

소리를 꽥 지르니 역시나 로건이는 텐트럼으로 맞섰다. 로건이의 울음이 촉매가 되어 내 화는 완전히 소진될 때까지 타올랐다.

씩씩거리며 바지를 갈아입히고 우는 아이를 강제로 유치원에 등원시킨 뒤, 차로 돌아와 문을 쾅 닫고 운전석에 앉아 눈을 감고 화를 삭혔다. 언젠가 ABA(Applied Behavior Analysis, 응용 행동 분석 치료) 센터 학부모 대기실 책꽂이에서 『발달장애아를 위한 배변 훈련 가이드』라는 책을 봤던 것이 떠올랐다. 그 책은 이렇게 시작한다.

'발달장애인의 배변 훈련은 언제든 퇴행이 올 수 있음을 기억해야 한다. 완벽하게 잘 하던 아이도 퇴행할 수 있는데 흥분하지 말고 이 책의 가이드에 따라 처음부터 다시 하면 된다.'

그 책을 남편과 함께 보며 "너무 겁주는 거 아니야?" 하며 키득거렸었는데, 정말 맞는 말이었다.

사실 발달장애인은 배변 훈련뿐만 아니라 다른 모든 부분에서도 쉽게 퇴행이 올 수 있고 정신 질환에도 보통의 사람보다 취약하다는 것을 머리로는 잘 알고 있다. 하지만 내 마음이 대비되어 있지 않았다. 잘하다가 실수를 하거나 오랫동안 없었던 폭력성을 보이면 너무 화가 나서 휘몰아치는 태풍처럼 혼내게 된다.

"아직도 이걸 못해!"

"언제까지 이럴 거야!"

"나이가 몇인데, 정신 안 차려?"

잘하던 걸 못할 수 있다. 이것은 로건이의 장애가 갖는 특성 중 하나다. 아이가 일부러, 못돼서 그러는 게 아님을 기억해야 한다. 그런 순간이 왔을 때 언제든 다시 처음으로 돌아갈 수 있는 내가 되는 것을 여덟 살 새해 목표로 삼았다.

기능은 다시 가르치면 금방 익힐 테지만 나의 욱하는 성정으로 아이 마음에 내다 꽂은 불안과 공포심은 쉽게 거둘 수 없다. 공포심은 자폐 아이에게 특히 해롭다.

새로 가르쳐야 할 게 많아도, 잘하던 것도 안 되는 날이 있어도, 깊게 숨을 내쉬고 웃으며 "오늘은 데이 원"이라고 말할 수 있기를. 그게 내 새해 다짐이다.

훈육의 기술

"아이가 엄마의 말을 무시하는 경험이 0이 되게 하라."

내가 배웠던 여러 훈육 방식들 중에서 가장 와닿았던 팁이다. 예를 들어, '로건아, 이리 와'라고 말을 했다면, 아이가 오지 않아도 내가 직접 가서 데려오면서 그 지시를 완수시키는 것, 키즈 카페 같은 곳에서 '한 번만 더 이러면 집에 갈 거야'라고 했다면 실제로 한 번 더 그 상황이 반복되면 정말 집에 가는 것이다. 이렇게 내 말을 헛되지 않게 하려는 연습을 반복하다 보니, 제일 먼저 달라진 건 아이가 아니라 나였다.

예전에는 로건이가 해내기 힘든 지시나 심부름을 무심코 시켰다. 신나게 뛰어가는 아이에게 이리 오라고 소리치거나, 놀다가 엉망이 된 마룻바닥을 네가 혼자 다 치우라고 소리질렀다. 그런데 내가 한 말을 반드시 실행에 옮겨야 하니 자연스럽게 지시를 하기 전에 한 번 더 생각하게 되었다. 결국 로건이가 실제로 할 수 있는 것만 지시하게 되었고, 심부름의 난이도도 자연스럽게 조정되었다.

또 하나 크게 달라진 것은 협박성 말투를 줄이게 되었다는 점이다. 특히 "지금 이러면 집에 갈 거야!"라는 말은 가장 먼저 고쳤다. 예전엔 상황을 가리지 않고, 실현 가능성도 없는 "또 이러면 집에 갈 거야"라는 말을 습관처럼 던졌다. 그 말은 로건이를 더 '말 안 듣는 아이'로 만들고, 나는 '무시해도 되는 엄마'로 만들었다. 결국 곤란해지는 건 아이가 아니라 나였다.

그런 공갈을 멈추고 나니 아이보다 내가 더 편해졌다. 그리고 무엇보다 크게 느낀 건 말을 많이 한다고 좋은 언어 자극이 되는 건 아니라는 점이었다. 말수가 줄고, 지시가 단순해지자 로건이를 바라보는 내 프레임이 달라졌다. '못해서 혼나는 아이'에서 '할 수 있는 일을 맡아 칭찬받는 아이'가 되어갔다. 그건 로건이가 달라져서가 아니라, 내가 먼저 달라졌기 때문이었다.

아이는 너에게 기회를 주고 있는 거야

"언니……, 나 로건이랑 또 대판 했어……."

로건이보다 한 살 많은 자폐 아이를 키우고 있는, 멘토 같은 언니에게 전화를 걸었다.

방금 전까지 집은 전쟁터였다.

화가 난 로건이가 내 머리채를 세차게 잡아당겼다. 어린아이가 손아귀 힘이 어찌나 센지 한번 잡으면 도무지 놓지 않았다.

아들에게 머리채가 잡히면 나 또한 십중팔구 평정심을 잃고 폭력으로 맞대응하기 일쑤였다.

다섯 살 자폐 아이의 미성숙한 수준과 똑같이 너도 이게 얼마나 아픈지 당해보라며 손을 올린 뒤에는 늘 깊은 자괴감이 남았다.

서로가 서로에게 자극을 주다 보니 로건이의 분노 역치는 점점 낮아졌다.

별것도 아닌 사소한 일에도 참지 못하고 뻑 하면 엄

마의 머리채를 쥐어뜯는 아이가 되었다.

한바탕 전쟁이 끝나고 나면 집은 고요했지만, 내 마음은 늘 먹먹했다.

'이 아이랑 앞으로 어떻게 살아야 하나……' 미래가 보이지 않았다.

그날도 언니에게 먹먹한 마음으로 전화를 걸어 물었다.

"언니, 이게 타고난 기질일까? 사춘기도 아니고 고작 다섯 살짜리 아이가 성질이 왜 이렇게 괴팍하지?"

잠시 정적이 흐른 뒤, 언니가 차분히 말했다.

"진희야, 어린아이가 폭력성을 보이는 건 엄마에게 기회를 주는 거야."

"기회……?"

나는 도무지 이해가 안 됐다.

"생각해 봐. 아이가 너무 순해서 폭력성 대처 방법을 전혀 모른 채로 지내다가, 사춘기 청소년이 되어서야 처음 겪는다면? 그땐 훨씬 버티기 힘들 거야. 근데 너는 로건이 다섯 살에, 나는 우리 아이 세 살에 이 경험을 해 봤으니, 더 일찍 배우고 방법을 찾을 수 있잖아. 지금은 힘들겠지만, 이건 분명 기회야."

전화를 끊고도 그 말이 계속 맴돌았다.

'이게 어떻게 기회가 될까?'

살던 대로 살아서는 나아질 것 같지 않아 자폐 아이의 문제 행동을 주로 다루는 부모 교육을 남편과 함께 받기 시작했다.

아이들마다 폭력성을 고치는 접근법은 다르겠지만, 우리가 배운 방법은 '차별 강화'였다. 로건이가 과제를 해내거나 지시를 따를 때마다 틈틈이 칭찬을 해주고, 반대로 폭력적인 행동이 나오면 일절 반응하지 않는 것이다.

처음엔 이 방법이 이해가 잘 안 됐다. '아무리 자폐성 장애가 있는 아이라 해도 잘못된 행동을 했으면 따끔하게 혼이 나야 하지 않나?' 생각했기 때문이다.

문제를 제기하자 선생님은 역으로 나에게 물으셨다.

"따끔하게 혼을 내본 적이 있으시죠? 그러면 문제 행동이 고쳐지던가요?"

말문이 턱 막혔다.

지금까지 내가 옳다고 믿고 한 모든 것들은 아이의 폭력성을 고치지 못했고 더 키워서 결국 여기까지 왔다. 의문은 여전히 있었지만, 배운 대로 해보기로 했다.

"잘못했을 때 무시한다"는 말이 처음엔 낯설었지만, 하다 보니 중요한 건 그게 아니었다. 오히려 "잘했을 때 칭찬한다"는 부분이 훨씬 큰 힘을 발휘했다.

나는 그동안 아이를 키우며 로건이가 말썽을 부리지 않고 얌전히 있으면 '응당 그래야 하는 것'으로 치부하고 특별히 칭찬하지 않았다.

하지만 손을 잡자고 하면 잡고, 신발을 신으라고 하면 신발을 신고, 식사 시간에 자리에 앉으라고 하면 앉는 모든 행동이 전부 칭찬받아 마땅한 것들이었다.

로건이가 집에서 자유 시간에 트램펄린을 타거나 그

네를 타는 등 적절한 놀이를 할 때에는 '당연히 그렇게 놀아야 하는 것'이니 칭찬하지 않았고 이 기회에 나도 휴대폰을 하며 쉬거나 밀린 집안일을 하곤 했다. 그러다 로건이가 정수기의 물로 부엌을 물바다로 만들어 놓거나 맨바닥에서 쿵쿵 뛰면 재빨리 쫓아가 무서운 얼굴을 하고 혼을 내곤 했다.

방식을 완전히 바꿔보았다.

로건이가 트램펄린을 탈 때는 옆에서 박수를 치며 칭찬했고, 그네를 타면 같이 즐겁게 웃어주었다. 작은 행동 하나에도 칭찬을 했다.

놀랍게도 한 달도 안 되어 로건이의 폭력성은 눈에 띄게 줄어들었다.

내가 로건이를 바라보는 프레임도 '성질이 괴팍하고 말썽을 부리는 아이'에서 '말 잘 듣고 예쁜 아이'로 변해갔다. 처음엔 숙제처럼 칭찬을 했는데 시간이 지날수록 진심이 담겼다. 로건이는 정말 칭찬할 게 많은 예쁜 아이였다.

'폭력성을 보여준 건 너에게 기회를 준 것'이라던 언니의 말이 그제야 와닿았다.

 아이와 전쟁 같은 날들을 보내며 변한 건 아이가 아니라 나였다.

 사람은 호시절에는 스스로를 알 수 없다. 출구 없는 불구덩이를 견뎌봐야 알 수 있다.

 내가 어디까지 버틸 수 있고, 어디서 무너지는지.

 로건이를 고치려 애쓰던 나는 결국 로건이의 폭력성 덕분에 나를 정확히 알았고, 나를 고쳤다.

슬픔도 사유 재산이다

'다들 잘만 크던데 왜 우리 아이에게 이런 일이 생긴 걸까' 하는 억울함, 아이가 살아갈 미래에 대한 불안, 소중하게 키운 나의 아이가 한순간 장애가 되었다는 상실감, 어디서부터 어떻게 해야 할지 모르겠는 막막함, 주위를 둘러봐도 나와 같은 처지는 없는 것 같은 외로움, 소통이 되지 않는 아이와 하루하루를 버텨내야 하는 지독한 힘듦, 이제는 받아들인 것 같아도 가끔씩 마주하는 현실의 참담함까지. 나는 부정적인 감정을 피해가지 못했다. 전부 느꼈고 매번 아팠다.

로건이는 특히 수면 장애가 심했다. 다섯 살이 될 때까지 통잠을 잔 적이 없었다. 밤 12시쯤 깨면 해가 뜰 때까지 울다가 지쳐 잠들곤 했다. 로건이가 다섯 살이 되었을 때에는 폭력성이 시작되었다. 하루에도 몇 번씩 아이에게 머리를 뜯겼고 그 작은 아이 하나 통제하지 못해서 매일을 발악하고 똑같은 다섯 살 수준으로 내려와 너도 당해보라며 아이의 머리끄덩이를 잡는 진흙탕 육아를 했다. 수면 문제는 나의 수명을 갉아먹는 듯했다. 아이의 폭력성은 스스로를 좋은 사람이라 믿었던 나의 자아 정체성이 붕괴되는 경험으로 이어졌다. 내 안의 악마를 매일 마주하는 지옥의 시간이었다.

새벽 내내 울다가 해가 뜨고 나서야 다시 잠든 로건이를 눕히고 우연히 거울을 보니 우울한 돼지가 있었다. 아이를 낳고 5년 넘게 수면 문제에 시달리며 낮도 밤도 없었고 스트레스를 먹는 걸로 풀어 인생 최고 몸무게를 경신해 갔다. 이 모양 이 꼴로 계속 살면 나의 엔딩은 뉴스에 나올 것만 같았다.

'이렇게 살 수는 없어.'

나의 우울은 로건이의 장애로부터 온 것이기 때문에 영원히 뗄 수 없을 거라 생각했다. '우울'을 지울 수 없다면 '돼지'만이라도 지워보자. 그 결심을 한 후로는 로건이가 새벽에 깨도 다시 재우려 애쓰기보다 차라리 운동을 했다. 노력한들 어차피 바로 자는 아이가 아니었다. 그렇게 몇 달 후 15킬로그램을 감량했고 나와 영원히 한 몸일 거라 여긴 '우울'은 거울 속 달라진 나를 보며 연기처럼 사라졌다. 다이어트에 성공한 나 자신에 취해 유튜브도 가벼운 마음으로 쉽게 시작할 수 있었다.

하지만 가벼워진 몸과 마음에 비해 로건이의 문제들은 쉽게 해결되지 않았다. 엄마들의 모임에서는 아이가 나이를 먹을수록 설명하기 힘든 소외감을 느꼈다. 모두가 나를 위해주고 챙겨주는 것 같은데 아이들의 공동 육아 자리에는 초대받지 못했다. 이제 와 고백하지만 나의 유튜브 초창기 영상 속, 애써 밝아 보이는 모습에는 어두운 이면이 있다. '너의 아이는 자폐라 힘들 거고 너는 평생 구질구질하게 살게 될 거야'라며 내려다보는 것 같은 이 세상에 "아니야! 나 잘 살 거야. 두고 봐, 그럴 수 있어!" 라고 외치는 밑도 끝도 없는 절규가 있었다.

자폐 아이의 문제 행동에는 엄마의 의지만으로는 해결할 수 없는 한계가 있다. 밑바닥을 찍고 나서야 ABA 행동 중재 부모 교육 컨설팅을 받았다. 전문가의 도움을 받고서야 폭력성이 줄어들었다. 소아정신과에서 도파민을 조절해 주는 약물 복용을 시작하자 로건이의 감정 기복은 드라마틱하게 줄었다. 유튜브를 통해 로건이와 비슷한 자폐 아이를 키우는 좋은 친구들을 사귀게 되며 마음도 편해졌다. 여덟 살이 된 지금의 로건이는 저녁 9시쯤 잠이 들어 아침 7시쯤 깨며 폭력성도 거의 보이지 않는다. 이렇게 되기까지 흘린 눈물을 받아보라면 장독대 몇 개는 채웠을 것이다.

힘들었던 지난 날이 있었기에 지금을 더 값지고 소중하게 여기며 살아가고 있다. 나는 슬픔이야말로 누구도 뺏지 못할 나의 사유 재산이라고 말하고 싶다. 내가 겪은 슬픔은 지금의 내가 살아갈 수 있는 힘이다. 그러니 당신이 힘든 시간을 보내고 있다면 그 시간을 충분히 느끼며 끝내 살아내기를 바란다. 기필코 뚫고 나와, 반드시 꽃피우기를. 견디다 견디다 포기하고 싶은 순간, 슬픔의 힘을 떠올릴 수 있기를.

즐거움의 선물 상자

평창 월정사 전나무 숲을 좋아한다. 다람쥐와 새들이 사람을 경계하지 않고 먹이를 주면 손에 올라와 받아먹고 간다는 점이 가장 좋다.

한 달에 한 번씩 가는 그곳에서 어린아이들이 새와 다람쥐에게 먹이를 주며 즐겁게 노는 모습을 많이 봤다.

손에 땅콩을 올려놓고 휘파람을 불면 어디선가 포르르 날아와 내 손바닥 위에 앉아 땅콩을 쪼아 먹은 뒤 고맙다는 듯 눈 맞춤을 건네고 다시 포르르 날아가는 작은 곤줄박이를 보면 나도 동심으로 돌아가 기쁨의 웃음이 나왔다.

로건이도 월정사 전나무 숲길을 걷는 걸 좋아했다.

다만 로건이가 이 숲길을 즐기는 방식은 조금 남달랐다.

까치발을 들고 신발 앞 코로 서서 다다다닥 흙을 차

고 다니며 흙먼지를 일으켜 걷고, 쪼그려 앉아 흙을 만지며 놀고, 누군가가 빗자루질해 길 가장자리에 쌓아둔 낙엽들을 모아서 머리 위로 던지고, 가끔씩 안내 팻말이 나오면 한참을 그 앞에 서서 손바닥으로 탁탁 두드리며 즐거워했다.

"로건아, 그런 건 집 앞 공원에서도 할 수 있는 거고 여기가 아니면 자연에 사는 다람쥐와 새들과 교감하기 힘들어. 한 번만 해봐, 재밌을 거야."

아이의 손에 땅콩을 올려놓고 휘파람을 불며 새와 다람쥐를 모아봤지만 로건이는 땅콩을 휙 던지고 늘 놀던 방식으로 놀러 갔다. 그런 로건이를 보고 '역시 동물엔 관심이 없구나' 생각하며 '그래, 너는 네 방식대로 놀아라' 하는 마음으로 나는 나대로 다람쥐와 새들에게 먹이를 주며 기쁨의 산책을 했다.

여섯 번째 평창 여행을 갔을 때, 로건이는 또 여러 가지 상동 행동을 하며 즐거워했고 나는 다람쥐와 새들에게 먹이를 주며 서로 다른 방법으로 숲을 즐겼다.

그날은 유독 새들이 많았다. 이렇게 새가 많은 날이 있었던가?

오늘은 기필코 로건이에게도 이걸 시켜봐야지.

로건이 손에 땅콩을 올려주고 휘파람을 불자 새들이 내려왔다.

하지만 로건이가 점프를 하거나 큰 소리를 내는 바람에 가까이 온 새들이 자꾸 도망갔다.

그러기를 여러 번 반복하다가 로건이를 어느 쓰러진 전나무에 앉히고 점프를 하지 못하도록 뒤에서 껴안고서 다시 해봤다.

새들이 로건이 손에 내려와 땅콩을 먹으며 로건이와 눈을 맞춘 순간, 로건이가 까르르 함박웃음을 지으며 나를 돌아보고 웃었다.

마치 '엄마도 봤어?'라고 말하는 듯했다.

자폐성 장애가 있는 내 아들에게 이런 감정을 공유하는 눈빛은 정말 보기 드물었기 때문에 그 눈빛을 보자 기쁨의 눈물이 차올랐다.

로건이는 흥분해 "어!! 으어!!" 소리를 내며 손을 연신 펄럭였지만 고마운 새들은 끈질기게 계속 다가와 로건이의 손에 앉아 땅콩을 쪼아먹었다.

로건이는 태어나 처음으로 작은 곤줄박이 새와 눈을 맞추며 교감하고 또 새가 또 언제 오나 싱글벙글 웃으며 하늘을 보며 기다렸다.

행복한 얼굴로 새 먹이를 주는 로건이를 보며 나는 기쁘기도 했지만 동시에 안타까웠다.

로건이에게는 뭔가를 가르치는 것이 늘 어려웠다.

색칠하는 것, 블록을 쌓는 것, 엄마가 가리키는 사물을 보는 것, 원하는 것이 있으면 손으로 가리켜야 한다는 것, 말하는 것. 보통의 아이들은 가르치지 않아도 알아서 배울 것들을 가르치느라 참 많이도 애를 썼다.

이제는 정상 발달을 하는 또래 아이를 봐도 슬프거나 씁쓸한 마음이 들지 않는다.

하지만 가끔 횡단보도 빨간불 앞에서 초록불을 기다리며 교복을 입은 중고등학생들을 볼 때가 있다.

학생들이 사춘기 변성기의 목소리로 비속어를 쓰며 별것도 아닌 일로 배꼽을 잡고 웃고 서로 툭툭 때리며 장난을 치며 노는 모습을 보면 늘 가슴이 저릿했다.

 '저렇게 친구랑 노는 게 바보 같아 보여도 세상에서 제일 재밌는데…… 로건이는 저 행복을 경험할 날이 올까?'

 그런 생각을 하며 학생들이 노는 모습을 한참 멍하니 바라보곤 했었다.

 애석함이 마음에서 생겨날 때 나는 늘 애서 외면했다.

 로건이는 말도 잘하지 못하고 다양하게 놀지도 않지만 여러 가지 상동 행동을 하는 모습이 내 눈에는 나름대로 행복해 보였다.

 그래서 가끔 아이의 장애가 안타까운 마음이 들 때면 '로건이는 로건이만의 기쁨이 있을 거야. 슬퍼할 필요 없어' 생각하며 복받치는 마음을 애서 누르고 살았다.

 여섯 번째 온 평창 월정사 전나무 숲에서 로건이는 비로소 새를 보았고 내 예상보다 더 행복해했다.

나 또한 그 순간이 너무나 기뻤지만 동시에 그동안 내가 해온 자기합리화는 무너졌다.

이 아이의 엄마로서 나의 역할이 무엇일까? 숲길을 마저 걸으며 한참을 생각했다.

로건이는 왜 그동안은 관심이 없었고 이번엔 관심이 생긴 걸까?

시선의 트래킹이 약하고 감각의 통합이 어려운 자폐적 특성 때문에 작은 새의 빠른 움직임을 보지 못했을 것이다.

하지만 그 날은 내가 고목나무에 아이를 앉혀서 집중이 더 잘될 수 있게 자세를 잡아주었고, 그날따라 새가 유독 많았다.

덕분에 로건이는 '새 먹이 주기'라는 즐거움의 선물 상자를 열 수 있게 되었다.

그동안 무엇 하나도 쉽게 가르칠 수 없는 로건이를 키우며 '이건 너의 선물 상자가 아닌가 보다' 생각하며 가르치기를 포기한 적도 많았다. 새 먹이 주기에 성공한 뒤 이렇게나 행복해하는 아이를 보며 깨달았다.

'아, 나는 아이가 열 생각이 없는 즐거움의 선물 상자를 공들여서 같이 열어주어야 하는 사람이구나.'

말을 가르치는 것도, 글을 가르치는 것도 전부 다 결국은 아이가 이 세상을 더 즐겁게 살아가기 위함이다. 그 하나의 목적을 잊지 말고, 포기하지도 말고 꾸준히 선물 상자를 공들여 열어주기로 마음먹었다.

먹이를 주며
새와 교감하는 로건이

배움의 목적

내가 사는 지역 장애인복지관에는 '조기 개입'이라는 프로그램이 있었다. 발달이 느린 36개월 미만 아이들의 집으로 선생님이 찾아가 수업을 하며 엄마에게 상호 작용하는 방법을 가르쳐주는 프로그램이었다. 한 달에 한 번 감각 통합 선생님과 언어 치료 선생님이 오셨다. 수업이 끝나고 상담을 할 때 나는 선생님에게 이런 질문을 하곤 했다. "열심히 하면 로건이도 보통 아이들처럼 될 수 있을까요?"

선생님은 천천히 말을 고르시며 대답했다.
"어머님, 앞으로 로건이는 여러 가지 치료를 하게 될 거예요. 치료 목표를 완치가 되어 정상이 되는 것으로 잡으면 많이 힘들어지세요."
"그럼 치료는 왜 하는 건가요?"
"로건이가 행복하게 살기 위해서 하는 거예요. 몇 년

후면 학교를 갈 거고 더 크면 성인이 되겠죠. 로건이가 학교 수업을 다른 아이들과 똑같이 따라갈 순 없더라도 책상에 앉아 그림을 그리든, 퍼즐을 맞추든 좋아하는 걸 하며 자리에 앉아 있을 수 있으면 장애가 있어도 일반 학교 잘 다닐 수 있어요. 그리고 성인이 되었을 때 자신이 좋아하는 적절한 활동으로 시간을 보낼 수 있으면 어디를 가나 환영받는 사람이 될 수 있어요. 장애가 있어도 사회에서 환영받는 사람으로 자라면 행복하게 살 수 있어요. 그래서 이것저것 가르치는 거예요."

로건이 20개월에 이 말을 들었을 때는 선생님이 아이의 미래를 중증 장애인이 될 것으로 확정 지어 놓았다는 생각이 들어 서운했다. 선생님이 가신 후 한동안 씁쓸한 마음이었다. 하지만 시간이 지날수록 깨닫는다. 그때 선생님이 해주신 말씀은 진리였다.

꼭 장애가 있지 않아도 그렇다. 사람이 무언가를 배우는 이유가 어느 분야에서 한 획을 긋기 위해서만은 아니다. 무언가를 배워 자신의 세계를 넓히고, 그 확장된 세계에서 좋은 사람들과 연결되고 행복해지기 위해 배우는 것이다. 선생님의 말씀을 생각하며 흔들릴 때마다 중심을 잡는다.

———————— 배움

우리들은 자란다

"로건아, 코뿔소 어디 있어?"

몇 년째 자석 보드로 과일과 동물 이름을 가르치고 있다.

과일과 채소는 그래도 몇 개는 맞추는데, 동물은 유독 어렵다.

코뿔소를 알려준 지도 몇 달이 지났건만, 오늘도 로건이는 엉뚱한 동물을 건넸다.

"이걸 왜 아직도 몰라! 이……!"

'바보야!'라는 말이 튀어나오려 했지만, 입술을 꾹 다물었다.

로건이를 키우며 화가 날 때마다 별별 소리를 다 해봤지만, 그 단어만은 뱉어낸 적이 없다.

누가 내 아이를 '바보'라고 부르면 가만있지 못할 것이다.

그런데 정작 그 말이 가장 먼저 떠오르는 사람은 나다.

로건이를 가르칠 때마다 터져나올 듯한 '바보야' 소리를 간신히 참는다.

'다 때려 치울까. 쉬운 게 하나도 없네. 지긋지긋해.'
가르쳐보려는 의지가 뚝 떨어진다.
그러나 문득 '예전보다 말귀는 확실히 더 알아듣지 않나?'라는 생각이 들었다. 그건 내 착각이었을까?
로건이가 자주 쓰는 물건들을 사진으로 찍어 카드로 만들었다. 모자, 바지, 팬티, 가방.
그리고 가족들의 얼굴과 자주 만나는 친구들의 사진도 함께 붙였다. 그 카드들을 보여주며 물었다.
"로건아, 모자 어디 있어?"
"아빠는 어디 있어?"
놀랍게도 대부분 맞췄다.
몇 달째 가르쳤던 코뿔소는 몰라도, 지금 자기가 쓰고 만지는 것들은 척척 집어 들었다.
그제야 실감했다. '코뿔소가 뭔지 알아서 로건이가 어디에 써먹을 수 있지? 평생 길에서 마주칠 일도 없을

텐데.'

 아이가 일곱 살이 되었을 때였다. 머리를 띵 맞는 느낌이 들었다. 한 가지 질문만이 머릿속에 남았다.

 '무엇이 중요한가?'

 로건이는 언젠가 자립할 수 있을까? 솔직히 지금 모습으로는 어렵다.

 분명 성인이 되어도 누군가의 도움이 필요할 것이다. 그렇다면 우리 아이에게 가장 필요한 것은 무엇일까?

 바로 협조적인 태도다.

 의사소통이 잘 되지 않더라도, 인솔자를 잘 따라다니고 도움에 순응할 수 있는 아이.

 그런 아이를 사람들은 더 도와주고 싶어한다.

 그렇다면 협조적인 아이가 되기 위해 지금 가장 먼저 가르쳐야 할 것은 무엇일까?

 '아니'라는 부정어를 가르치는 게 제일 시급했다. 로건이는 부정을 표현할 수 없어 하기 싫은 일이 생기면 무조건 울거나 소리를 질렀다.

그래서 훈련을 시작했다. 소변을 본 후 10분마다 손을 잡고 물었다.

"로건아, 쉬하러 갈래?"

싫다는 듯 손을 뿌리친다.

나는 손을 놓지 않고 말한다.

"'아니', '안 해', '싫어' 말해 봐."

로건이는 입을 꾹 다문다.

"그럼 도리도리라도 해봐. 이렇게."

하지만 도리도리도 따라하지 못했다.

이 과정을 하루에 열 번 정도 반복했다.

몇 달을 하니 어쩌다 가끔 도리도리를 따라하거나 '아니'라는 말을 따라 말하기 시작했다.

처음엔 그 의미를 모르는 것 같았다. 그냥 엄마가 손을 놓아주지 않으니 이것저것 해보다가 우연히 따라한 것 같았다.

하지만 우연이 반복되니 결국 의미가 되었다.

'아니'를 6개월째 가르쳤을 때 로건이는 비로소 부정어와 도리도리를 적절히 같이 쓸 수 있게 되었다.

'아니'라는 단어를 쓰기 시작하자, 로건이의 삶이 조금 편해졌다. 길에서 드러누워 우는 일이 줄어들었다.

무언가를 거부하고 싶을 때 울거나 소리지르지 않고 '아니'라고 말할 수 있게 된 것이다.

나는 그게 얼마나 자랑스러웠는지 모른다.

"너도 말할 수 있어서 편하고 좋지?"

물어도 대답이 없는 로건이지만 표정을 보면 알 수 있다.

'아니'라는 말을 알게 된 로건이는 한결 자신감이 넘쳐 보인다.

로건이를 가르치며 실패의 경험을 잔뜩 쌓아온 나에게도 변화가 생겼다.

이 작은 성공은 '육아 효능감'이라는 귀한 선물을 안겨주었다.

코뿔소는 몰라도, '아니'를 배운 로건이가 얼마나 멋진가.

그렇게, 우리들은 자란다.

아이에 대한 자부심

로건이가 여덟 살이 된 지금도 가끔 생각나는 장면이 있다. 대학병원 진료를 기다리며 '자폐일까, 아닐까' 애를 태우던 시절. 나 못지않게 속이 타들어가던 친정엄마는 지인 중 한 분을 우리 집으로 모셔왔다.

"우리 손자예요. 거의 전문가시잖아요. 한번 봐주세요. 어때 보여요?"

그분은 38년 동안 자폐 아이를 키워온 어머니였다. 아드님의 나이가 나보다 많았다. 아마 그분의 눈엔 로건이가 자폐인지 아닌지 어렵지 않게 보였을 것이다. 하지만 그분은 이렇게 말했다.

"나는 잘 모르겠네. 소아정신과에 가봐요."

말은 그렇게 하시면서도, 자폐 아이를 키우는 부모가 가져야 할 마음가짐을 조용히 전해주셨다.

첫째, '이 바닥'에는 눈 뜨고 코 베어가는 사기꾼이 많다. 정신을 똑바로 차려야 한다. 아마 로건이 엄마도 아이를 키우다 보면 정상이 되게 해준다는, 혹할 만한 치료들이 수도 없이 눈에 들어올 것이다. 나도 우리 아들을 키우며 이것저것 안 해본 게 없고 지푸라기 잡는 심정으로 억 소리 나는 돈을 쓰기도 했다. 이제 와 생각하면 분하고 괘씸하지만 '그런 거 다 소용없으니 하지 마'라고 말하지는 못하겠다. 부모라면 그런 것들에 혹할 수밖에 없다.

둘째, 결국은 집에서 가르쳐야 한다. 전문가도 많고, 방법도 다양하지만 자폐 아이를 가르치는 데 부모만큼 유능한 선생님은 없다. 비싼 교구보다, 아이가 실제로 쓰는 물건 사진을 찍어 오려 붙이는 '엄마표 교구'가 훨씬 낫다.

셋째, 잘하는 것부터 시작해야 한다. 못하는 걸 붙들고 '왜 이걸 못하지?' 하며 계속 들여다보면 아이가 크지를 못하더라. 자폐 아이도 잘하는 게 하나쯤은 있다.

그걸 더 잘하게 만들어주면, 못하던 것도 서서히 따라온다.

그분의 아드님은 초·중·고를 모두 특수학교에서 다닌, 말하자면 중증 자폐였다. 하지만 나는 그날 그분의 얼굴에서 뚜렷하게 '아들에 대한 자부심'을 느꼈다. 그분의 프라이드는 이러했다. 36개월 이전에 기저귀를 뗐다. 열 살이 넘기 전에 한글을 뗐다. 편식이 없고 매너가 좋아서 어느 식당에나 잘 데리고 다닐 수 있다.

말은 자폐인지 모르겠다고 하면서 자폐 엄마가 지녀야 할 마음가짐을 왜 알려주는지, 로건이는 자폐가 맞다는 말로 들려서 마음이 무너졌다. 그리고 '자폐성 장애가 있으면 저 세 가지가 그렇게나 자랑스러울 일이 되는 건가'라는 생각이 들어 자부심으로 빛나는 그분의 얼굴이 내 가슴을 더 시리게 했다. 슬퍼지려 하자 속에서 반항심이 일었다. '지금은 과학 기술이 다르다고요. 저는 로건이 낫게 해준다는 의사를 찾을 거예요.'

'요즘은 발달 센터도 많고, 전문 선생님도 넘쳐나요. 그때랑은 달라요.'

하지만 로건이와 자폐의 세계에서 살아온 지금, 그분의 말씀은 버릴 게 하나 없는 '명강의'였고 그분의 자부심이야말로 정말 대단한 성과였음을 안다. 나도 로건이가 서른여덟이 되었을 때, 그분처럼 로건이에 대한 자부심이 뿜어져 나오는 그런 엄마가 될 수 있을까? 한참 뒤에나 이해한 미련한 나이지만, 나도 그런 엄마가 될 수 있기를.

우리가 서로를 못 믿지는 말자

로건이는 7세부터 특수학교 유치부를 다녔다. 1년간 유치부를 다니며 특수학교를 경험해 보고, 초등학교 진학 방향을 결정하기 위함이었다.

특수학교 강당에서 입학식을 했는데 유치부부터 직업훈련반까지 100여명의 전교생이 모였다.

특수학교라고 해서 입학식을 간략하게 하진 않았다. 애국가도 부르고 국기에 대한 경례도 했으며 새로 부임한 선생님들의 소개와 교장 선생님 훈화 말씀, 마무리로 교가 제창까지 진행되었다.

시간이 흐를수록 지루해진 학생들의 문제 행동이 시작되었다.

한두 명씩 자리를 이탈해 소리를 지르고, 강당 뒤에서 제자리에서 펄쩍펄쩍 뛰거나 드러누워 우는 학생도 생겨났다.

이런 일이 자주 있는지 선생님들은 너무 과격해지는

학생들을 강당 옆 실내 체육실로 이동시켰다.

대부분의 학생들은 착석을 유지했지만 몇 명의 학생들이 통제가 안되기 시작하니 강당 전체가 쩌렁쩌렁 울릴 만큼 시끄러워졌다.

키가 170센티미터가 넘는 중고등학생들의 문제 행동은 지금의 로건이가 하는 행동들과 똑같았다.

'로건이의 몇 년 후 모습이 딱 저럴까?'

'특수학교에 다니는 게 맞는 걸까?'

입학식이 아수라장이 되어갈수록 내 마음도 복잡해졌다.

입학식이 끝난 후 '잘한 게 맞나' 고민을 떠안고 로건이와 동물원에 갔다. 동물원을 천천히 걸으며 곰곰이 생각해 봤다.

'그렇다면 내가 진짜 원하는 건 뭐지?'

내가 특수학교에서 원했던 건 아이의 장애에 대한 이해도가 높은 교직원 분들, 전교생이 장애가 있어서 열등감을 느끼지 않을 환경이었다.

하지만 '전교생이 장애인이다'라는 것에 전제가 빠져 있었다.

나는 '장애가 있지만 문제 행동은 없으며 순하고 착한 장애인 친구들'을 원했던 거였다. 얼마나 비현실적이며 동시에 이기적인 생각인가.

특수학교 입학은 우리 아이가 얼마나 문제 행동이 많은 '심각한 중증 발달장애인'인지를 호소하고 증명하여 어렵게 따낸 자리다.

내가 생각한 판타지 같은 특수학교란 이 세상에 존재할 리 없다.

그건 나의 욕심이었고 이기적인 생각이었다.

'그런 곳은 이 세상에 존재하지 않아.'

마음을 추스리고 다음 날 등원을 하러 나섰다. 집 근처에 정류장에서 스쿨버스를 태워 보내면 되었다.

로건이는 유아 안전벨트를 채워야 해서 내가 직접 안전벨트를 채워주고 나와야 했다.

버스는 깨끗하고 좋았지만 내부로 들어가니 우는 아

이, 소리지르는 아이, 무의미한 소리를 반복적으로 내는 아이들이 많아 귀가 아플 정도로 시끄러웠다.

전쟁통 같은 버스에 로건이를 태워 보낸 후 남편에게 카톡을 했다.

'혹시 버스에서 누군가가 돌발 행동을 하거나 하면 어쩌지?'

남편에게 답이 왔다.

'다른 친구들을 믿어줘야 로건이도 사람들이 믿어주지. 다른 사람은 몰라도 우리가 이 친구들을 못 믿지는 말자.'

나이를 먹어가면서 누군가에게 혼이 나거나 배울 기회가 잘 없다. 이런 나에게 종종 삶의 본질을 가르쳐주는 남편에게 감사할 때가 많다. 남편에게 문자를 받고 동네 공원을 걸으며 생각해 봤다.

사람들이 로건이를 예쁘게 봐주기를, 로건이의 장애를 이해해 주기를 그토록 바라면서도 나조차 아직 장애인에 대한 편협한 생각을 갖고 있었다.

'마음을 열자. 이 학교에 다니는 모든 학생들을 또 다른 로건이로 보자.'

그렇게 마음을 먹고 매일 아침 스쿨버스에서 만나는 친구들에게 인사를 했다. 대답이 돌아오지 않아도 매일 웃으며 인사를 건넸다.

몇 주를 그렇게 인사하니 몇몇 아이들에게 애정 표현도 받았다.

어느 고3 남학생은 창 밖에 서있는 나를 향해 웃으며 손을 흔들었고 어느 날은 다른 친구가 엄지와 검지로 손가락 하트를 만들어 나에게 보내주기도 했다.

같은 정류장에서 버스를 타는 어떤 누나는 시간이 흐르면서 '로건이'와 '로건이 엄마'를 알게 되자 아침마다

"로건이 귀여워."

"로건이 엄마, 좋은 하루 보내."

인사해 주고 떠났다.

나는 언제나 버스 밖에서 로건이를 향해 손을 흔들며 열정적으로 인사하지만 지금까지 한 번도 로건이에게 인사를 받아본 적이 없다.

하지만 몇 명의 친구들이 로건이 대신 나에게 인사해 주는 걸로 마음이 편안하다. 로건이도 저 친구들처럼 잘 클 것이다.

특수학교 지원하기

장애가 있는 아이들은 일반 학교의 도움반(특수학급)이나 특수학교에 입학한다. 원칙적으로는 부모의 선택이지만, 특수학교에 합격하지 못해 일반 학교로 가는 경우도 많다. 로건이는 일곱 살에 특수학교 유치부에 입학했고, 지금은 초등학교도 특수학교에 다니고 있다. 내가 사는 지역의 경우 특수학교는 매년 12명만 선발한다. 장애 정도가 심한 아이부터 선발하는데, 내 생각에 마지막으로 선발되는 열두 번째 아이와 탈락하는 열세 번째 아이 사이에는 큰 차이가 없을 것 같다. 그래서 두 번의 지원을 거치며 나름대로 얻은 몇 가지 팁을 정리해 두려 한다. 물론, 어디까지나 내 경험일 뿐 정답은 아니다. 지역마다 조금씩 다르지만, 특수교육 대상자는 초등학교 입학 전년도의 5~6월에 각 지역 특수교육청에서 서류 접수를 받아 10~11월에 발표한다.

첫째, 특수교육청 직원의 입장에서 보기.

지원자는 많고 자리는 적다. 서류상으로는 모두가 어렵지만, 누굴 특수학교에 보내야 할까? 내가 담당자라면 '이 아이가 일반 학교에 갔을 때 선생님과 반 친구들이 얼마나 힘들까?'를 기준으로 삼을 것 같다. 그래서 지원 서류에는 내 아이가 힘든 점보다는 내 아이로 인해 반 친구들에게 생길 수 있는 어려움을 강조하는 편이 효과적이라고 생각한다.

예시

- "○○이는 아직 대소변 실수가 많아 선생님의 도움이 필요합니다." (X)
- "○○이는 화장실을 가고 싶을 때 적절히 의사 표시를 하지 못해 상황에 맞지 않게 바지를 내리는 경우가 있습니다. 이 때문에 같은 반 친구들에게 정신적 충격을 줄 수도 있습니다." (O)

둘째, 장애 등록은 선택이 아니라 준비.

특수학교 입학에 장애 등록이 필수 조건은 아니지만, 비슷한 조건의 두 아이 중 한 명만 뽑아야 한다면 장애 등록증이 있는 쪽이 더 공정하게 여겨질 것이다. 장애 등록에는 3~4개월이 걸리므로, 늦어도 7세 1월에는 절차를 시작하는 게 좋다.

셋째, 담임 교사와 부모 의견서의 일관성.

부모가 아이의 어려움을 아무리 열심히 써도 어린이집, 유치원 담임 선생님이 작성한 평가와의 격차가 너무 크면 학부모 의견서의 신빙성이 떨어진다. 어떤 선생님은 부모의 마음을 배려해 힘든 점을 약하게 적는 경우가 있다. 그래서 소견서를 부탁할 때는 '장점은 생략하고 단체 생활의 어려움을 중심으로 작성해 달라'고 미리 말씀드리는 게 좋다. 물론 거짓 서술을 부탁해서는 안 된다. 특수학교를 1지망으로 쓴 경우 특수교육청에서 현재 다니고 있는 기관을 방문해 모니터링을 하기 때문에 거짓은 금방 드러난다.

넷째, 추가 서류는 '아니면 말고' 정신으로.

제출 의무는 없지만, 있으면 도움이 될 만한 자료들이 있다.

- 소아정신과 의사의 소견서
- 정신과 약물 투약 기록
- 특이 사건·사고에 대한 증빙 자료(실종 신고 내역 등)

지역마다 추가 서류를 받아주지 않는 곳도 있겠지만, 비슷한 두 아이가 있다면 추가 서류가 한 장이라도 더 있는 아이가 유리할 것이다. 그래서 준비할 수 있다면 하는 게 좋다. '아니면 말고'라는 가벼운 마음으로.

특수학교 입학은 부모 마음대로 되는 일은 아니다. 그래도 작은 준비가 결과를 바꿀 수도 있다.

치료보다 중요한 것은

로건이의 자폐를 처음 의심한 건 생후 18개월 무렵이었다.

보통의 자폐 아이들이 그렇듯, 이름을 불러도 돌아보지 않았고 말을 하지 못했으며, 비언어적 의사 소통조차 이루어지지 않았다.

동네 소아과에서 영유아 검진을 받은 후, 의사는 대학병원 소아재활의학과에서 전반적인 발달 검사를 받아보는 것이 좋겠다고 말했다.

그렇게 우리는 베일리 검사(전반적 심층 발달 검사)를 받게 되었다. 얼마 뒤, 재활의학과 교수님을 만나 검사 결과를 들었다.

"대근육을 제외한 모든 영역에서, 전반적 발달 지연이 있습니다."

나는 곧장 물었다.

"그건 이미 알고 있고요. 자폐를 동반했나요?"

교수님은 한참을 망설였다. 내가 다시 말했다.

"제가 보기엔 로건이는 자폐를 동반한 것 같습니다. 맞나요?"

잠시 우리 부부의 얼굴을 번갈아 보던 교수님은 조심스레 입을 열었다.

"아직 두 돌이 안 된 아이에게는 자폐가 의심되더라도 부모님께 알려드리지 않는 편입니다. 하지만 로건이는…… 말씀드릴게요. 안타깝게도, 자폐를 동반한 전반적 발달 지연으로 보입니다. 자폐 아이들의 대표적인 특징이 모두 관찰되었어요."

"……네. 역시 그렇군요. 그럴 줄 알았어요."

진료가 끝나고 소아정신과 연계 진료를 예약하며 필요한 치료에 대한 설명을 들었다.

일어서려다 문득 다시 자리에 앉아 교수님께 물었다.

"교수님, 자폐는 어릴 때 개입하면 예후가 좋다고 들었어요. 그런데 아까, 원래는 이렇게 어린 아이가 자폐인 게 보여도 부모에게 말하지 않는다고 하신 이유가 궁금해요."

속으로는 이런 답을 기대하고 있었다.

'어릴 때는 이런 모습을 보이다가도 증상들이 사라지고 정상이 되는 경우도 꽤 많기 때문입니다.'

하지만 교수님의 대답은 달랐다.

"자폐 진단을 받으면 대부분 치료실에 다니기 시작하시거든요. 그런데 24개월도 안 된 아이에게는 치료실에서의 치료보다 가정에서 엄마, 아빠와 상호 작용하는 시간이 훨씬 더 중요하다고 저는 생각합니다. 그래서 저는 보통 24개월이 지난 후에 말씀드리는 편이에요. 그 전에는 부모님이 진단명을 모른 채 아이와 열심히 시간을 보내는 것이 오히려 예후에 좋을 수 있습니다."

"······네, 알겠습니다."

그 당시엔 그 말이 잘 이해되지 않았다.

'아이가 자폐면 말을 해줘야지. 조기 개입이 중요하다면서. 뭐라도 해야 될 거 아니야.'

교수님의 말을 귓등으로 흘려듣고, '우리가 빨리 발견

한 건 다행이야. 뭐라도 해야 해'라는 마음으로 별의별 치료를 다 했다.

자폐를 완치해 준다는 소문이 돌던 한의원에서 한약도 지어 먹였고, 해외의 어떤 아이가 '거의 정상'이 되었다는 유튜브 영상 하나에 혹해 고가의 뇌파 치료도 받았다.

인터넷에는 정상이 되었다는 아이들이 넘쳐났지만, 우리 아이는 눈에 띄는 변화조차 없었다.

돈은 돈대로 징글징글하게 써댔다.

로건이가 어렸을 때는 치료실에서 울다 끝나는 날이 많았다.

그럼에도 "우리는 조기 개입을 했다"는 알량한 안도감에 아이를 치료실에 계속 넣었다.

'울지 않은 날이 곧 잘한 날'이라는 한심한 기준이 생겼고, '이게 맞나' 아리송해도 애써 외면했다.

지금 와 돌이켜보면, 자폐 진단을 받고 제일 먼저 해야 했던 건 아이를 치료실에 보내는 일이 아니라 나와 남편의 부모 교육이었다.

그래야 앞으로 펼쳐질 긴 여정을 덜 헤매고, 조금 더 현명하게 헤쳐나갈 수 있었을 것이다.

피곤한 아이를 끌고 카시트에서 쪽잠 재우며 이곳저곳 치료실을 다니기보다는 한 시간이라도 집에서 푹 재우고, 침대에서 안아주며 스킨십을 하거나 동네 마트를 돌며 사과, 딸기, 키위를 직접 보여주며 놀아줬다면, 주말엔 자연 속으로 여행을 다니며 예쁜 추억을 더 많이 만들었다면, 그 나이에는 오히려 더 좋은 자극이었을지도 모른다.

아이의 장애를 일찍 발견해 조기 개입을 하는 것도 물론 중요하다.

하지만 때로는 엄마, 아빠와 함께 쌓는 정서적 안정이 그 어떤 치료보다 강력한 조기 개입일 수도 있다.

뭐 하나는 천재라던데

로건이가 자폐 진단을 받았다는 말을 전하면, 사람들은 나를 위로하려 애썼다. 그중 꼭 빠지지 않는 말이 있었다.

"그래도 자폐 아이는 뭐 하나는 천재성이 있다더라."

처음엔 나도 그 말을 어느 정도 믿었다. 드라마나 영화 속 자폐성 장애인은 보통 특이하고 소통이 어려운 인물로 그려지지만, 결정적인 순간에 말도 안 되는 천재적인 능력을 발휘해서 사람들을 놀라게 하니까. 로건이가 뭘 잘하는지는 아직 모르지만, 뭐든 열심히 해봐야지 마음을 다잡았다.

몇 달이 지나고, 또 안부 전화를 받았다. "로건이 이제 말은 좀 해?" "로건이는 뭐를 잘해?" 그때는 그 말이 치료만 열심히 받으면 곧장 말이 트이고, 천재성이 자동으로 수면 위로 떠오를 거라고 생각하는 것처럼 들렸다. 사실 나도 그런 기대를 품고 있었기에 그들의 마음이 이해되지 않는 건 아니었다.

지금 와 생각해 보면 그 질문들은 꼭 무언가를 증명해보라는 뜻이 아닌 것 같다. 그저 내가 걱정되고 안쓰러우니까 무슨 말이라도 걸어보려다 어색하게 흘러나온 말들이었을 거다. 하지만 그 당시엔 같은 질문을 몇 번이고 반복해서 듣다 보니 마음이 점점 답답해졌다. 잘하는 게 아무것도 없는데, 대체 뭐가 천재냐니……. '아무런 천재성도 없는 그냥 중증 자폐라면 이 사회는 받아줄 준비가 안 된 건가?' 그런 생각이 들 때마다 '그 말 좀 이제 그만해. 잘하는 거 하나도 없으니까'라는 말이 목구멍까지 차올랐지만 꾹 눌러 참았다.

로건이가 어렸을 땐 그놈의 '천재성' 소리가 그렇게 듣기 싫었는데, 요즘은 '자폐 아이들은 천재성이 뭐 하나는 있다'는 게 맞다는 생각이 든다. 왜냐하면 자폐 아이들은 자신이 꽂힌 무언가를 질리지도 않고, 포기하지도 않고 주구장창 하기 때문이다. 내가 아는 어떤 아이는 '상어 천재'다. 상어를 유독 좋아해서 상어 그림을 뚝딱뚝딱 잘 그린다. 또 어떤 아이는 '매운맛 천재'이다. 또래에 비해 매운 음식을 잘 먹어서 먹는 모습을 보면 나도 덩달아 군침이 돌 지경이다. 로건이는 '그네 천재'다. 그네를 밀어주지 않아도 앉아서도 서서도 스스로 잘 탄다.

내가 로건이와 다른 친구들을 '천재'라고 부를 수 있는 건, 언젠가부터 '천재'의 기준을 바꿨기 때문이다. 전반적으로 할 수 있는 능력에 비해 월등히 잘 하는 몇 가지의 재능을 이제 '천재성'이라고 생각하기로 했다. 비록 그 재능이 보통의 기준에서 '천재'라고 부르기엔 많이 부족한 수준이라 해도, 그게 뭐가 중요한가? 어디에서 인증이라도 받아야 천재라고 부를 수 있나? 나도 친구들끼리 누군가가 뭘 잘하면 '오~ 너 좀 천재' 하며 키득키득 웃는데 우리 아이들에게도 '이야~ 상어 천재다!', '우와! 매운맛 천재!'하며 가볍게 말 걸어 아이도 웃고, 엄마도 웃는다면 그걸로 충분하다. 뭐든 하나라도 잘하면 다 천재다. 아이가 무언가에 몰입하고 있다면 그 자체로 이미 '천재 모먼트'를 발산하는 중이다.

누가 좀 가르쳐줬더라면

여덟 살이 되도록 "주세요"라는 말밖에 못하는 아이,

아직도 밖에서 대소변 실수를 하는 아이,

검사조차 불가능해서 IQ가 몇인지 모르는 아이,

엑스레이나 심전도 검사처럼 간단한 병원 진료도 어른 다섯 명이 붙들어야 간신히 할 수 있는 아이,

엘리베이터에서 양손을 팔랑팔랑 흔들며 "어! 으어어!" 큰 소리를 내어 내 얼굴을 빨갛게 달아오르게 하는 아이,

못하게 하면 더 크게 울 것을 알기에 가만히 등을 쓸며 진정시키는 것이 최선인 아이 로건이를 키우고 있다.

자폐성 장애가 있는 로건이를 케어하는 것은 힘들지만 그보다 더 힘들었던 세 가지가 있다.

하나, 특수교육을 받기 힘든 현실

로건이는 '특수교육 대상자' 자격을 어렵지 않게 받았

다. 하지만 정작 그 자격으로 보낼 수 있는 장애 통합 어린이집은 차로 20분이나 떨어진 곳 하나뿐이었다. 가까운 지역에는 특수 교육 대상 아동을 받아주는 기관이 없었다.

초등학교 입학을 앞두고는 일반 학교의 특수학급, 또는 특수학교를 선택해야 했다.

그런데 우리 시에 있는 단 하나의 특수학교는 정원이 12명이고, 지원자는 100명이 넘는다.

누가 봐도 일반 학교에선 적응이 어려울 것 같은 아이들도 특수학교에 떨어졌다는 이야기를 심심찮게 들었다.

'어떻게든 살아지겠지' 현실에 적응해 마음을 다잡다가도, 초등학교라는 문턱 앞에 다시 무너졌다. 지금까지 쌓아온 긍정적인 생각도, 단단해진 줄 알았던 마음도 그 앞에서 휘청거렸다.

둘, 피해 의식과 자격지심

얼마 전 있었던 일이다. 다니는 치료 센터에 늘 보이

던 아이 하나가 보이지 않았다. 옆의 어머님이 "○○이가 요즘 안 보이네요. 관뒀나?" 하고 묻는다.

"관뒀을 수도 있고 무슨 일이 있어서 잠깐 못 나오는 걸 수도 있죠."

"같이 그룹 수업을 하는데 우리 애 때문에 관둔 건가 해서요……."

"에이, 그런 건 아닐 거예요."

같은 장애 아이들끼리 모여 있어도 그중 장애 정도가 심한 아이의 엄마는 위축된다.

나도 그런 적이 있다. 같은 자폐라고 해도 말이 유창하고 지능에 문제가 없는 아이를 만나보니 신세계였고 나 자신이 작아졌다.

장애 아이 엄마들 사이에서도 피해 의식, 자격지심이 생기는데 비장애 세상에서는 말할 것도 없다.

사람들이 건네는 진심 어린 공감과 위로의 말을 받아들일 수 없었고, 맺고 있던 관계에서는 쉽게 상처받았다.

아이의 장애는 내 마음을 내 마음대로 하지 못하는

지독한 병에 걸리게 했다.

셋, 나의 과거

아이의 장애를 알게 된 후 가장 가슴이 미어졌던 순간은 '이 아이는 앞으로 얼마나 외로울까, 멸시받진 않을까'라는 생각이 떠오를 때였다.

그 예감은 어디에서 온 걸까.

바로 내 과거였다.

살면서 지적 장애, 자폐성 장애에 대해 배워본 적이 없다.

그런 병이 있다는 것은 알지만 어떻게 대해야 하는지 모른다.

학창 시절, 그냥 '바보'라고 생각했던 몇 명의 친구들의 얼굴이 떠오른다.

이제 와 돌아보니, 그 아이들은 경증 자폐나 ADHD였을지도 모르겠다.

나는 그들과 친구였던 적이 없다. 동정의 마음이 든 적도 없다. 그저 나와 같은 교실을 썼을 뿐이다.

TV 속 드라마나 영화에서 본 발달장애인의 모습에는 언제나 사람들에게 무시당하는 장면이 있고 다큐를 보아도 그들의 현실에는 출구가 없어 보였다.

지하철에서 혼잣말을 반복하거나 이상한 행동을 하는 사람을 보면 '미친 사람인가?' 하며 두려워서 옆 칸으로 옮겨가기도 했다. 그땐 몰랐지만 지금 생각해 보면 자폐성 장애인일지도 모른다.

내 하나뿐인 아이가 '자폐성 장애'라는 진단명을 받은 후로 나를 제일 괴롭힌 질문은 '지금까지 내가 자폐성 장애인을 어떻게 생각해 왔는가'였다.

모든 걱정과 불안, 슬픔은 전부 거기에서 나왔다.

나의 과거는 지금의 내가 어떠한 노력을 해도 바꿀 수 없는 것이기 때문에 더욱 가슴이 아프고 한편으로는 억울하다.

'누가 좀 가르쳐줬더라면……'

후회하고 슬퍼하며, 지금 자라나는 아이들만큼은 장애를 일찍 배우고, 자연스럽게 받아들이길 바랐다.

이건 내 아이가 조금 더 나은 환경에서 살아가길 바라는 이기심 때문이 아니다.

장애 아이의 탄생은 막을 수 있는 것이 아니다.

건강하던 사람도 한 순간의 사고로 장애인이 될 수도 있다.

나처럼 뒤늦게 죄책감에 몸서리치는 이들이 하나라도 줄어들기를 바라는 마음, 그리고 누군가가 내 아이를 만났을 때, '그럴 수도 있지' 하고 받아들일 수 있기를 바라는 마음에서다.

자주 듣는 질문들

Q. 사회적 시선이나 편견을 어떻게 이겨내나요?

사실 나는 로건이와 다니며 사람들의 불편한 시선을 '받았다'고 느껴본 적이 없다. 이렇게 말하면 다들 깜짝 놀라면서 '로건이가 순한 아이인가 보다' 하시는데, 그건 아니다. 로건이는 갑자기 큰 소리를 내거나 문제 행동을 보일 때가 꽤 자주 있다. 그럴 땐 분명 주변 사람들이 깜짝 놀라서 쳐다봤을 것이다. 수근대기도 하고, 따가운 시선을 보내기도 했을 것이다. 그럴 때 나는 일부러 주변을 보지 않는다. 오로지 로건이만 바라본다. 그 상황이 마무리될 때까지 시선을 아이에게 고정해 둔다.

생각해 보면, 말이나 행동으로 상처를 주는 사람은 거의 없다. 정작 깊은 상처를 남기는 건 경멸하는 듯한 눈빛, 따가운 시선이었다. 한동안 로건이가 엘리베이터를 탈 때마다 칭얼거리거나 큰 소리를 낼 때가 있었는데, 그 시절엔 늘 캡 모자를 눌러쓰고 엘리베이터에 탔다.

타인의 시선을 마주하지 않기 위해서였다. 상처받을 일은 피할 수 있다면 피하는 게 좋다고 생각한다.

Q. 엄마의 불안을 다스리는 방법이 있나요?

로건이를 두고 '이것도 해야 하는데, 저것도 해야 하는데' 하고 머릿속에 희망 사항만 잔뜩 떠다닐 때 불안이 가장 컸다. 걱정거리는 많은데 실제로 하고 있는 건 없을 때, 그 괴리감이 나를 계속 불안하게 만들었다. 그래서 지금 단계에서 집에서 할 수 있는 것 딱 한두 개만 정해두고, 잠깐이라도 매일 하는 것이 좋다고 생각한다. 가르칠 수 있는 게 아무것도 없다고 느껴지던 시절도 있었는데, 그럴 땐 정말 사소한 것부터 시작했다. 예를 들어 하루에 5번 '손 잡아' 하면 잡기 연습 같은 것. 거창하지 않은 아주 낮은 난이도의 계획이라도 하루하루 쌓이면, 불안보다 '나는 뭔가 하고 있다'는 감각이 조금씩 커진다.

Q. 아이를 달래다가 감정 조절에 실패할 때가 많은데, 어떻게 해야 할까요?

화 안 내는 방법이 있을 거라고 생각하셨다면 실망하실 것 같다. 나에게도 그런 방법은 없다. 매번 화가 난다. 그래도 화를 참으려고 노력은 한다. 어느 전문가가 그랬다. 자폐 스펙트럼 장애 아이에게 화를 내면 문제행동을 고치는 데 걸리는 시간만 더 길어진다고. 그 말을 듣고 정말 이를 악물고 참아봤다. 사실 큰돈을 내고 컨설팅까지 받은 것이라 돈을 허공에 날릴 수는 없다는 생각에 더 열심히 참았던 것 같다.

신기한 것이, 화도 습관이었다. 몇 번 참다 보니 예전 같았으면 당연히 버럭 했을 상황에서도 크게 한숨 한 번 쉬는 쪽을 택하는 횟수가 늘었다. 내가 화를 덜 내니 로건이의 화도 서서히 줄어들었다.

Q. 약 복용을 시작하면 계속 먹어야 하는지, 복용하다 끊을 수도 있는지 궁금해요.

로건이는 다섯 살까지 수면 문제가 심각했고, 다섯 살

에 시작된 폭력성은 여섯 살까지 극으로 치달았다. 여덟 살이 된 지금은 밤 9시 전에 잠들고 아침 6시쯤 일어난다. 폭력성은 일곱 살부터 서서히 줄기 시작해 지금은 반년 넘게 폭력성을 보이지 않고 있다. 많은 노력을 했지만 가장 드라마틱한 변화를 가져온 건 정신과 약물 치료였다. 일곱 살 무렵부터 정신과 약물을 복용했는데, 그때부터 푹 자기 시작했고 감정 기복이 크게 줄었다. 아이가 잘 자고, 화내고 우는 날보다 기분 좋은 날이 많아지니 육아 난이도가 확 낮아졌다. 그동안 아이가 참 많이 힘들었겠구나 하는 생각이 들었다. 의사와 상의해 어떤 약을, 얼마나, 어떻게 쓸지 투약 계획을 세워 보시기를 권하고 싶다. 우리 가족에겐 그 선택이 삶의 질을 바꿔놓는 결정이었다.

*약물 복용 여부와 용량, 기간은 반드시 소아정신과 전문의와 상의해 결정하세요.

Q. 초등학교 선택의 기준이 궁금해요. 특수학급과 특수학교의 장단점은 무엇인가요?

로건이는 특수학교를 다니고 있다. 특수학교를 선택한 이유는 이렇다. 첫째, 위험 인지가 많이 부족하다. (어린이집·유치원에서도 밖으로 나가 잃어버릴 뻔한 적이 있었다.) 둘째, 조용히 책상에 앉아 혼자 할 수 있는 활동이 없었다. 셋째, 의사소통이 힘들었다. 넷째, 생활 전반의 자조 기능이 낮아 많은 도움이 필요했다.

많은 분들이 특수학교에 입학하면 엄마의 마음이 편안하고 아이도 행복할 거라 기대하시지만, 사실 장애가 있는 아이에겐 어디든 쉽지 않다는 점을 꼭 말하고 싶다. 특수학교에 다니는 로건이도 가끔은 부정적인 피드백을 받을 때가 있고, 통학 버스에 아이를 태우고 내리는 잠깐의 순간에도 버스 안에는 힘들어하는 아이가 꼭 보인다. 다만 전교생이 모두 장애 아동인 특수학교이기 때문에, 아이가 힘들어하는 모습을 보더라도 엄마로서 마음이 덜 힘들다는 차이는 있다.

———————————— 마음

우리들의 안전지대

 그날의 목적지는 남이섬이었다. 5분 정도 배를 타고 들어가야 하는데, 배에서 내릴 때쯤 되자 로건이는 떼를 쓰며 울기 시작했다.

 배를 더 타고 싶은 모양이었다. 섬에 도착하니 결국 바닥에 대자로 뻗어 소리를 지르며 난동을 부렸다.

 '안아줘 병'을 고치기 위해 절대 안아주지 않기로 마음먹었던 나는 아이가 스스로 진정할 때까지 바닥에서 나뒹구는 모습을 참고 지켜보았다.

 내 아이가 사람들이 많은 곳에서 바닥에 엎드려 우는 모습을 한발 떨어져 바라보는 건 생각보다 훨씬 더 어려운 일이었다.

 부글부글 끓어오르는 감정은 결국 단단한 결심을 비집고 터져나왔다.

 "일어나라고 쫌!"

 큰소리로 다그치며 로건이의 팔을 잡았다.

순간적으로 어디서 그런 괴력이 나오는 건지, 바닥에 누워있는 로건이의 팔을 확 당기자 아이의 몸이 휘청거리며 번쩍 들렸다.

순간 주변 사람들의 이목이 우리에게로 쏠렸다. 사람들의 웅성거림도 들렸다.

흙먼지를 뒤집어쓰고 큰 소리로 우는 아이와 자제력을 잃은 엄마. 좋은 구경거리였을 것이다.

창피하고 속상한 마음에 "따라와!" 하며 아이 손을 잡고 인적이 없는 곳까지 씩씩대며 빠르게 걸어갔다.

'내가 뭐하려고 여기까지 힘들게 와서 이러고 있을까, 그냥 집에나 있을 걸. 지겨워. 정말 지긋지긋해.'

한참을 걸으니 놀기 좋은 조용한 장소가 나왔다. 놀면서 로건이의 기분도 풀렸다.

로건이의 울음이 그치자 나의 화도 서서히 가라앉았다.

단풍이 물든 아름다운 남이섬에서 혼자 노는 로건이를 보며, 나는 한숨을 푹푹 쉬며 신세를 한탄하고 있었다.

그러다 비슷한 또래의 아이와 엄마를 발견했다. 로건이가 근처에서 놀고 있어서 자연스럽게 그 아이를 보게 됐다.

바로 알 수 있었다. 그 아이도 발달장애가 있는 듯했다.

말을 하지 않았고, 행동이 자연스럽지 않았다. 물이 고인 웅덩이에 들어가고 싶어 했다.

"이리 나오라고."

아이 엄마의 목소리에 화가 서려 있었다. 엄마의 감정을 감지한 아이는 곧 울음을 터뜨렸다.

아이는 웅덩이에 주저앉아 큰 소리로 울기 시작했다. 엄마의 깊은 한숨이 내 쪽까지 들렸다.

그 모습을 지켜보는 건 실례인 것 같아 로건이의 손을 붙들고 다른 곳으로 가려고 했다. 그러자 로건이는 자리를 옮기기 싫었는지 짜증을 내다가 결국 울기 시작했다.

그렇게 두 아이의 울음소리가 겹쳐졌고, 그 엄마와 내 눈이 마주쳤다. 우리는 말없이 그냥 웃었다.

내가 먼저 말을 걸었다.

"아이랑 둘이 오셨어요?"

"아뇨, 엄마들 모임이 있어서 왔는데 우리 애가 고집을 부려서, 결국 저 혼자 아이랑 따로 있어요."

'역시. 내 아이 같구나.'

공동 육아 모임에서 나 혼자 로건이와 따로 다녔던 날이 떠올랐다.

그 엄마는 나보다 더 힘든 하루를 보내고 있을지도 모른다는 생각에 무슨 말을 더 건네보고 싶었지만, 이번엔 로건이가 자리를 옮기고 싶어했다. 우리는 눈인사만 남긴 채 멀어졌다.

그 순간 이후, 남이섬에서의 보내는 시간 내내 이상하게 마음이 편안했다. 왜일까?

나는 로건이가 울거나 소리를 지르면 사람들에게 민폐를 끼친다고 생각했다.

모두가 우리를 불쾌하게 여길 거라 생각했다. 그래서

로건이를 통제하지 못할 때마다 나 자신에게 화가 났다.

몰상식한 부모, 무례한 사람이 되는 것이 싫었다.

그런데 아니었다. 모든 사람들이 이상한 눈으로 불쾌해하면서 우는 아이를 바라보는 건 아니었다.

어쩌면 나처럼, 누군가는 어디선가 시끄러운 아이를 보며 이 장소를 자신의 아이와 함께 있어도 괜찮은 '안전지대'로 받아들이고 있을지도 모른다.

로건이와 비슷한 아이를 만난 뒤의 남이섬이 그랬던 것처럼 말이다.

엄마는 아이의 반사판이다

 로건이가 다니는 치료 센터에서 자주 마주치던 여자아이가 있다. 정확히 어떤 장애인지는 몰라도, 휠체어를 타고 다녔고 팔과 다리, 얼굴 근육의 마비가 심했다. 나 역시 자폐 아이를 키우는 엄마이지만 그 아이를 볼 때면 어쩔 수 없이 짠한 마음이 들었다. 실례라는 걸 알면서도, 안쓰러운 시선이 앞섰다. 그러던 어느 날, 처음 보는 젊은 여성이 그 아이와 함께 센터에 나타났다. 단정한 차림새, 온화한 인상, 아름다운 얼굴. 보호자 대기실에서 나란히 앉게 되어 인사를 나눴다.

 "처음 뵙는 것 같아요."

 "네, 제가 일을 해서요. 평소엔 활동 보조 선생님이 데려다 주시고, 한 달에 한 번은 직접 와서 선생님들 말씀을 들어요."

 치료가 끝난 뒤, 휠체어를 탄 아이가 교실에서 나왔

다. 그 아이는 전과 똑같았지만, 이번엔 처음으로 안쓰럽지 않게 느껴졌다. 밝고 단정한 엄마가 곁에 서 있으니 아이의 장애도 가벼워 보였다. 나의 마음이 변한 이유는 무엇이었을까? 아이는 변한 것 하나 없이 똑같다. 예쁜 엄마를 보고 이렇게 마음이 바뀔 수 있다니. '나는 외모지상주의자인가?'라는 생각에 내 자신이 부끄럽기도 했다. 하지만 인정하지 않을 수 없었다. 외모는 때로 그 사람의 정신 상태나 삶의 태도를 비추는 거울이기도 하다. 보이는 것의 중요성을 부정할 수 없다.

그 엄마를 다시 보지는 못했다. 하지만 그 뒤로 아이를 볼 때마다 아이의 엄마가 떠올랐다. 몸이 불편해도 사랑을 많이 받으며 자랄 것이라는 생각이 자연스럽게 들었다. 엄마가 아이를 빛내주는 '반사판' 역할을 한 것이다.

그날 이후, 나는 '로건이 엄마'로 불리는 곳을 갈 땐 늘 단정히 다니려고 신경 쓰게 되었다. 머리를 감고, 샤워

하고, 화장을 하고, 깨끗한 옷을 입고 다니자. 로건이도 마찬가지로 호감이 가는 외모로 꾸며주자. 로건이는 자신이 어떻게 보이는지 아무런 관심이 없지만, 로건이와 내가 호감을 주는 모습이라면 로건이도 사람들에게 따뜻한 시선을 받는 경험이 더 많을 것이다.

물론 단정하게 꾸몄다고 하루가 평탄해지는 건 아니다. 서울대공원 코끼리 열차에서 내리기 싫다며 매달리는 걸 억지로 끌어내렸다가 바닥을 뒹굴며 우는 날도 있었고, 맥도날드에서 다른 테이블의 감자튀김을 덥석 집어먹어 죄송하다고 머리를 숙인 날도 많았다. 산책 도중 갑자기 기분이 틀어져 소리를 지르고 몸을 뒤틀던 날은 얼마나 많았는지 모른다. 우는 아이의 손을 잡고 횡단보도의 신호를 기다리며 버티고 서있다 보면 나도 모르게 아이가 내 손을 뿌리치고 도로로 뛰어드는 모습이 머릿속에 빠르게 지나가 '엄마인 내가 어떻게 이런 생각을 하나' 자괴감에 괴로운 날들도 있었다.

내 아이의 엄마가 아닌 척 도망치고 싶었던 순간을 적자면, 책 한 권으로도 모자랄 것이다. 하지만 상황을 정리하고 책임져야 하는 사람은 결국 나였다. 그렇게 살다 보니 나름의 생존 전략도 생겼다. 엄마로서 해서는 안 될 생각이 내 의지와 상관없이 스칠 땐, '뇌가 방구를 뀐 거야' 하고 넘긴다. 뱃속의 오장육부도 상황 판단 못하고 중요한 순간 방구가 튀어나올 때가 있는데 뇌라고 못할까. 뇌도 방구를 뀐다. 무조건. 로건이의 울음으로 사람들이 쳐다볼 땐, '알 바야 쓰레빠야, 쳐다보면 어쩔 건데' 라는 생각으로 무장하고 뻔뻔하게 얼굴에 철판을 깔았다.

말이 쉽지 매번 어렵다. 특히나 차림새가 후줄근하고 볼품없는 날엔 훨씬 더 어렵다. 로건이는 엄마의 꾸밈 정도에 관계없이 시선 집중을 선사한다. 언제 어떻게 당할지 모르니 '알 바야 쓰레빠야'도, '뇌방구 이론'도 나에게 조금 더 잘 통할 수 있도록 나와 아이의 차림새에 신경을 많이 쓰고 다니고 있다. 어쩌면 나를 위한 방어

막이기도 하다. 외모는 때론 마음을 여는 열쇠가 되기도 한다는 걸 경험했으니까.

허구한 날 보니까 못 알아보지

로건이가 여섯 살이 되던 해 1월, 아이와 단둘이 제주도로 여행을 떠났다.

제주공항에 도착해 택시를 잡아 기사님께 말했다.
"애월 카페 거리로 가주세요."

오랜만에 탄 택시 안, 낯선 풍경 속에서 자연스럽게 스몰 토크가 오갔다. 백발의 택시 기사님은 평생 제주에서 살아왔다고 하셨다.

"애월 카페 거리 쪽은 원래 제주에서는 쳐주지를 않는 동네였다고. 빈민가였어요. 예전에 내 친구가 그 동네에 초가집 하나를 20만 원 주고 샀거든요? 그때 친구들이 20만 원도 너무 많이 줬다고 놀리고 그랬어. 돌무더기밖에 없는 땅을 뭐에 써? 줘도 안 갖는 땅이 그 동네였는데 오래 살고 볼 일이더라고."

"진짜요? 요즘 애월 엄청 핫하잖아요. 땅값도 많이 올랐을 텐데."

"말도 못하게 올랐지! 평생을 제주에서 살았거든요? 화딱지 나는 게 내가 산 땅은 오르지가 않아요. 희한하게 돈 될 만한 땅은 제주 토박이들은 못 알아봐. 육지 사람들은 딱 보면 기가 막히게 알아보는데."
"왜 제주 토박이들은 못 알아볼까요?"
"허구한 날 보니까 못 알아보지."

택시에서 내려 로건이와 여행하는 내내 택시 기사님의 마지막 말이 마음에 맴돌았다.

돌아보니 내 육아도 그랬다. 끝없이 어두운 날들 속에서도, 가끔은 별처럼 드문 행복이 반짝였다.

내 육아는 밤하늘을 닮아있었다.

매일 마주하는 것이 캄캄한 어둠뿐이라 여겼지만 뒤돌아보면 모든 순간이 은하수처럼 아련하게 이어져 있다.

사진 속의 로건이는 한두 해만 지나고 보아도 우는 얼굴도 귀엽고 화가 나 씩씩대던 붉은 얼굴조차 사랑스럽게 보인다. 허구한 날 곁에 두고도, 나는 그 귀함을 몰라주며 살았다.

매일이 고단해 소중함을 놓친 채, 버릇처럼 '자유'를 꿈꾸며 달아나려 했다.

분위기 좋은 카페를 보면 '나중에 아이 없이 와야지', 근사한 여행지를 보면 '아이는 친정 엄마에게 맡기고 편하게 가봐야지' 정말 습관처럼 자유를 꿈꿨다.

하지만 친구들과 '자유 부인'이라고 외치며 그동안 가보고 싶었던 버킷리스트 속 장소를 다녀와도 그날의 행복감은 금세 증발했다.

자폐 스펙트럼인 내 아이와 함께 하는 여행은 다르다.

아이의 울음이 길어 힘들어질 땐 말로 다 표현이 안될 만큼 버겁지만 행복한 순간의 감정은 농도가 짙고 오래 기억된다.

애월 카페 거리 옆, 한담 해변부터 곽지 해수욕장까지 이어진 장한철 산책로를 로건이와 함께 걸었다.

밀키스 빛깔의 하늘 아래, 1월답지 않게 포근했던 제주 바람.

에메랄드빛 바다를 경이로운 마음으로 바라보다가 눈을 감고 바람을 맛보듯 혀를 삐죽 내밀고 있는 로건이를 보고 나도 모르게 웃음이 났다.

 이 아름다운 제주의 바다를 나 혼자 와서 하염없이 마음껏 바라본들 지금 너와 함께 보는 이 순간보다 더 오래 기억될까?

 한시도 너에게 눈을 떼지 않느라 제주 바다를 내 눈에 충분히 못 담았다 해도 나는 너와 함께 본 지금의 바다를 제일 오래 기억할 것이다.

 애월 장한철 산책로를 걸으며 나의 행복은 아이와 떨어진 먼 곳에 있지 않음을, 가장 큰 행복은 '행복한 너를 보는 것'임을 확실히 알았다.

 내가 늘 꿈꾸던 '자유'라는 개념에도 지각 변동이 일었다.

 육아의 최종 목표는 자녀의 완전한 독립이 되어야 한다는 말을 익히 들어왔다.

 자폐성 장애 아이를 둔 나는 그 말을 들을 때마다 '제발 나도 그러고 싶다'며 영원히 아이에게 종속될 것 같은 예감에 한숨짓곤 했다.

로건이에게 마음대로 놀 자유를 주면 편백나무 칩을 온 거실에 뿌리거나 화장실을 물바다로 만들어놓기 일쑤였다.

하지만 아이가 클수록 공놀이나 스케이트보드 같은 취미가 생기고 있다.

동네 공원을 산책하다 보면 혼자 자전거를 타거나 달리기를 하는 자폐 청년을 만날 때가 있다.

로건이의 완전한 독립은 잘 그려지지 않지만 한 집에 살면서 로건이는 좋아하는 활동을 하며 시간을 보내고 나는 그런 로건이 곁에서 내 할 일을 조용히 하는 것은 어떨까?

그건 가능성이 보인다. 상상만 해도 행복하다.

장애가 있는 아이에게 '독립'의 개념도, 엄마인 나에게 '자유'의 개념도 다시 생각하게 되었다.

우리는 각자의 삶을 살며 함께 행복할 수 있을 것이다.

그 가능성을 이루기 위해 나는 아이에게 무엇을 해야 할까, 스스로 물으며 애월 바닷가를 다시 걸었다.

잊고 있던 Z축을 찾아서

로건이가 5개월 정도 되었을 때, 유모차에 태운 아이와 함께 남편과 공원을 산책했다. 공원 근처 호프집 테라스에서 맥주를 마시는 사람들을 보며 순간적으로 부러웠다. "로건이만 없었으면 우리도 저기 앉아서 맥주 한잔하고 들어갈 텐데, 아쉽다." 가볍게 던진 말에 남편이 발끈했다.

"그런 말 좀 하지마. '로건이만 없었으면' 그 소리를 달고 살잖아. 이제 우리 인생에서 로건이가 없을 일은 없어. 그러니까 그 말 좀 그만해."

내가 그 말을 그렇게 자주 했었나? 여자 인생은 결혼 전후로 나뉜다고들 하지만, 나에겐 결혼보다 아이의 출산이 훨씬 더 큰 전환이었다. 내 의지대로 자고 일어나는 자유는 완전히 사라졌고, 집 앞 편의점에 잠깐 다녀올 때조차 아이를 챙겨서 데리고 가야 했다. 예전의 가벼운 일상을 자꾸만 그리워하게 됐다. '로건이만 없었으면' 하는 말을 입에 달고 살았다 해도 과언은 아닐 것이다. 로건이의 탄생은 분명 축복이었지만, 출산 전의 삶이 편하고 좋았던 것도 사실이기 때문이다. '세 돌까지 많이 힘들다고 했어. 시간이 지나면 전부 다시 할 수 있어.' 그렇게 마음을 다잡으며 아이가 있는 삶에 적응해 가던 어느 날, 자폐라는 청천벽력이 나를 덮쳤다.

자식이 로건이 하나뿐인 나는, 장애가 없는 또래 아이들이 어떤 걸 할 수 있는지 점점 감을 잃어간다. 가끔 로건이 또래의 아이가 혼자 태권도 학원 차에서 내려 현관문 비밀번호를 누르고, 엘리베이터 버튼을 누르고, 도어락을 열고 들어가 "다녀왔습니다"라고 말하는 모습을 보면 신기하기까지 하다. 나는 로건이가 누군가의 도움 없이 혼자 밖을 돌아다니는 모습이 그려지지 않는다.

발달 수준이 20개월쯤에 멈춰있는 로건이와 지내면

서 나는 자연스럽게 생활 전반을 로건이에 맞추게 되었다. 외식은 어려우니 배달로, 카페는 아이가 없을 때 나 혼자. 하지만 로건이가 일곱 살이 되었을 무렵, 문득 생각이 들었다. '이렇게까지 아이에게 맞추는 게 과연 맞을까?' 아이를 어느 정도 키워놓으면 내 삶을 찾을 수 있다는 말은 일반적인 육아일 때나 가능한 얘기 아닌가. 로건이의 보호자로 나는 앞으로도 오랜 시간 함께할 텐데, 천천히 크는 로건이에게 계속 맞추면, 그러면 나는? 이제부터는 로건이가 나에게 조금씩 맞추도록 해야겠다. 서로가 서로에게 맞추며 살아야 오래 가도 덜 지칠 테니까.

힘들어도 외식을 하고, 로건이가 좋아하는 키즈 카페보다 내가 좋아하는 월정사 전나무 숲에 더 자주 데려갔다. 카페를 좋아하는 나는 '로건이와 1일 1카페'라는 목표를 세우고 동네에 있는 카페를 훈련하듯 매일 갔다. 말이 훈련이지, 실상은 맛있는 걸 잔뜩 먹고 난동 부리기 전에 빠져나온 뒤 "로건이 카페에서 잘 있었어, 최고!" 하며 잔뜩 칭찬하는 시간이었다.

 아이가 커갈수록 점점 나의 자리를 찾고 싶어진다. 결혼하고 아이를 낳으면서 나의 X축과 Y축은 엄마와 아내가 되었다. 자폐 스펙트럼 장애 진단을 받은 로건이를 돌보며 한동안은 X축인 '엄마'에만 치중해 살았다. 시간이 흘러 로건이는 초등학교에 입학했고, 나의 마음에도 조금씩 여유가 생겼다. 함수에 Z축이 더해지면 점 하나가 입체로 살아나듯, 이제 나의 자리에도 '나 자신'이라는 Z축을 세워주고 싶다. 내가 입체로 있을 때 로건이의 세상도 조금 더 넓어지지 않을까?

 장애 있는 아이를 키우면서 내 삶을 되찾겠다는 건 어쩌면 허황된 꿈일지도 모른다. 하지만 돌봄이 오래 필요한 아이가 나에게 왔기에, 이제는 그 아이를 내 세계에 더 자주 초대하고, 아이를 나에게 맞추는 연습도 함께 해보려고 한다. 서로 행복하게 살아갈 수 있도록.

로건이와 둘이서 월정사의 전통 찻집을 찾았다. 수정과를 홀짝이며 고요히 창밖 가을 풍경을 바라보는 로건이를 보았다. 어린아이가 좋아할 만한 것은 하나도 없는, 온전히 나의 취향으로 가득한 공간이었다. 나의 세계에 조심스레 건너온 로건이를 바라보며 잊고 있던 나의 Z축을 생각했다.

노선을 이탈했습니다

"올해 추석은 연휴가 길더라. 로건이는 엄마가 봐줄 테니까, 아빠랑 스위스 다녀올래?"

로건이의 자폐를 알고 난 후로, 친정엄마는 나를 늘 안쓰러워하셨다. 나에게 휴식이 필요하다고 생각하시는 것 같다.

절약 정신이 투철한 엄마에게 이런 제안을 받아본 적은 처음이다.

앞으로 이런 기회가 나에게 다시 오지 않을지도 모른다.

"아니야, 엄마."

"답답하네? 기회 줄 때 다녀와라. 비용도 내줄게."

"아니야, 괜찮아. 정말이야. 대신에 우리 다같이 평창 가자."

큰돈을 들여 오직 '딸을 힐링시켜 주겠다'는 목적성이 부담스럽기도 했다.

하지만 스위스 여행을 거절한 더 큰 이유는 정말 끌리지가 않아서였다.

엄마에게는 왜 가고 싶지 않은지 설명하지 않았다.

스위스는 분명히 멋진 곳일 테지만, 로건이를 두고 가자니 마음이 움직이지 않았다.

그렇다고 그 멀리까지 로건이를 데려갈 엄두 또한 나지 않았다.

이 마음을 엄마에게 말하지 않은 이유는, '너 모성애가 정말 대단하구나' 같은 말을 들을 것 같아서였다.

그건 모성애 때문이 아니었고, 정작 나조차도 정확한 이유를 설명할 수 없는 감정이었기에 입을 다물었다.

로건이가 자폐 진단을 받고 외로웠을 때, '나는 노선에서 이탈했다'는 생각을 자주 했다.

결혼하고, 출산하고, 아이를 키우고, 아이가 성인이 되어 독립하면 남편과 노후를 보내는 삶.

나름의 노선이 철로처럼 눈앞에 쭉 뻗어있었다.

내가 아는 사람들은 모두 그 철로 위에서 각자의 속

도로 나아가고 있었다.

　로건이가 아직 어릴 때는 나 역시 그 노선의 끝자락쯤에서 로건이를 이고 지고 겨우겨우 따라가는 느낌이었다.

　하지만 여섯 살이 다 되도록 말을 못 하고, 또래와 어울리지 못하며, 공동 육아에 낄 수 없고 끼고 싶은 마음조차 사라졌을 때, 나는 평생 걸어온 노선에서 뻥 차여, 밖으로 튕겨 나간 기분이었다.

　이제 이 아이와 어디로 가야 하는지 막막했다.

　노선에서 이탈한 지도 벌써 몇 해가 흘렀다.

　방황의 시절을 지나, 이제 나는 로건이와 함께 예전의 철로는 보이지도 않는 먼 곳에서 산책하며 지낸다.

　민들레를 바라보다가, 로건이가 좋아하는 솔방울을 고르느라 쪼그려 앉기도 하다가, 가끔은 우리와 비슷한 아이와 엄마를 만나 웃기도 하면서.

　나는 원래 남들이 하는 건 다 해봐야 직성이 풀리는 사람이었다.

유행하는 음식점, 카페, 여행지를 남들처럼 나도 따라가보는 것을 좋아했다.

하지만 지금은 사람들이 찾는 핫플레이스가 더 이상 나에게 아무 의미도 없다.

로건이가 잘 먹는 식당이 나에겐 최고의 맛집이고, 로건이가 잘 앉아있는 카페가 최고의 카페이고, 로건이가 잘 놀다 온 여행지가 최고의 여행지다.

장거리 비행은 엄두가 안 나니 국내 여행을 많이 다녔다. 덕분에 '한국에도 이렇게 좋은 곳이 있었구나' 감탄할 만한 장소도 많이 알게 되었다.

나에게는 월정사 전나무 숲이 융프라우고, 애월 장한철 산책로가 카프리 해변이다.

'아이 없이 스위스 여행 찬스'라는 최고의 선택지를 버리고 '평창'을 골랐을 때 내 안에서 희열이 퍼졌다.

이것은 노선 이탈 수 년 차, 들판의 자유인이 얻게 된 '나만의 기준'이었다.

남이 뭐라 하든 나의 내면의 목소리를 따라 선택할

수 있는 사람이 되었다는 행복감이 들었다.

모두 로건이 덕분이다.

노선 밖에서 '이제 나는 어떻게 살아야 하지' 불안하고 두려웠던 날들.

로건이의 지독한 수면 장애로 밤을 지새우며, 아이를 안고 발코니 앞에 서서 '지금 당장 이 고통을 끝내버릴까' 충동이 일렁이던 날들을 지나왔다.

지금도 로건이의 감정 기복에 따라 나도 같이 흔들리는 바람 같은 엄마이지만, 태어나서 처음으로 '진정한 자유'를 느끼며 살고 있다.

이용하면 안 되냐?

자폐 아이 엄마로 유튜브와 SNS를 하다 보면 꼭 달리는 댓글이 있다. "자식의 장애를 이용해서 유명해지고 싶냐?" "아이 팔아서 돈 벌고 싶냐?" 처음 이런 댓글을 마주했을 땐 겁이 덜컥 났다. 실제로 소액이긴 해도 돈벌이가 되긴 하니까. 그러니 그 악플 앞에서 뭐라고 반박해야 할지 말문이 막혔고, 그냥 삭제하고 회피했다.

그런데 악플도 자꾸 받다 보면, 맷집이 생긴다. 이제는 이렇게 말해주고 싶다. "그래, 나 우리 아이 장애 이용한다. 이용하면 안 되냐?" 나는 우리 아이의 장애를 '이용'해 영상을 만든다. 겉으로 봤을 땐 멀쩡해 보이는 아이가 왜 유독 낯선 환경에서 예민하고, 소리를 지르고, 땅바닥에 드러눕는지를 엄마의 시선으로 보여준다. '못돼먹은 애'가 아니라 강박과 불안이 높고 감각이 예민한 어려움이 있는 아이라는 걸 이해받으며 커 나가기 바라는 마음에서다. 장애는 드러내야 불편이 보이고, 불편이 보여야 배려가 만들어진다. 그래서 기왕 드러낼 거 보는 사람이 재미도 느낄 수 있도록 만들기로 한 것이다.

생각해 보면 대부분의 인플루언서들은 자신을 둘러싼 환경을 이용해 콘텐츠를 만든다. 성공한 사람은 자신의 성공을, 실패한 사람은 자신의 실패담을, 끼 많은 아이의 부모는 자녀의 탤런트를 보여준다. 장애가 있는 아이의 부모는 자녀의 장애를 보여주는 것이다. 그런데 대중들은 예쁘고 끼 많은 아이가 춤추고 노래하는 영상에는 박수를 치면서 가난하거나 장애가 있는 사람의 삶이 드러나면 "굳이 그걸 팔아 돈 벌고 싶냐"는 조롱을 던진다.

삶의 해석은 다 다르다. 누군가는 그 안에서 배울 점을 찾고, 또 누군가는 위로받는다. 누군가에겐 그저 불행처럼 보일지 몰라도 누군가에겐 그것이 자신을 구한 이야기일 수 있다. 예전에 한 유명 여배우가 방송에서 아들의 자폐를 고백한 적이 있다. 그 이후로 아들과 함께 하는 삶이 너무 좋아졌다고 했다. 가장 공감되는 일화는 인천공항에서 아들이 잠깐 사이에 사라졌는데 지나가던 승무원이 아들을 알아봤고, 덕분에 빠르게 찾을 수 있었다는 이야기였다.

나도 그런 아이를 키우고 있다. 잠깐만 한눈 팔아도 잃어버리기 딱 좋은 아이. 그래서 나는, 아이의 장애를 드러낸다. 세상에 알린다. 그것이 어째서 '나쁜 엄마'라는 말을 들어야 하는 일인지 모르겠다.

가끔 처음 보는 누군가에게 '잘 보고 있다'는 인사를 받는다. 그 덕분에 어디서든 나를 알아보는 누군가가 있을 수도 있다는 생각을 하게 된다. 아이에게 늘 다정할 수밖에 없는 환경을 만들었다는 생각도 든다.

게다가 나의 자폐 육아 경험담은 각자의 삶에서 묵묵

히 '특이한 육아'를 감내하고 있는 수많은 부모들에게 잠시나마 '평범한 육아'를 하는 듯한 착각이라도 줄 수 있는 이야기다. 사회적 눈치를 보지 않고 느닷없이 울거나 웃는 아이, 여덟 살이 되었지만 놀이터에서 누군가 '몇 살이야?'라고 물어도 묵묵부답인 아이, 엘리베이터를 탈 때마다 무슨 큰 소리를 내진 않을까 늘 긴장하게 만드는 아이, 그런 아이를 키우는 일.

자폐 아이의 엄마로 살아가야 하는 운명은 피할 수 없는 나의 길이다. 주어진 운명에서 의미를 찾는 유일한 방법은 지금의 인생에 의미를 부여하는 것뿐이었다. 이 아이 옆에서 부끄러움이 아닌 자긍심을 느끼며 같이 걸어갈 수 있다면 나는 기꺼이 우리 아이의 장애를 이용할 것이다.

——————————— 가족

나는 지금 호시절입니다

3년 동안 '자폐 아이 엄마'로 유튜브를 하며 수많은 응원의 댓글을 받았다.

하지만 그중엔 힘이 쭉 빠지는 댓글도 있었다.

특히 이미 아이를 다 키운 자폐 선배 부모들이 남긴 말.

"아이가 아직 어리네요. 어릴 땐 그나마 괜찮지만, 크고 나면 생각지도 못한 고난이 많아요. 마음 단단히 먹으세요."

조언인가, 경고인가. 그런 댓글을 보면 마음이 무거워지고 불안해졌다.

처음 아이가 자폐 진단을 받았을 때의 느낌을 나는 종종 책에 비유하곤 한다.

도통 재미도 없고, 적응도 되지 않는 두꺼운 책 한 권을 턱 하니 받아 든 느낌.

읽고 싶진 않지만 반드시 읽어야만 하는 책.

내용은 난해하고, 책은 무겁고, 진도는 잘 나가지 않는다.

그래도 인내심을 갖고 한 장 한 장 넘기다 보면, 어느새 손에 익고, 조금씩 이해도 되며, 비로소 읽을 만해진다.

그런데 누군가 갑자기 다짜고짜 책을 펼쳐 몇 챕터 뒤를 보여준다. 그것도 최악의 시나리오로.

'초등학교 갈 때가 되면…….'

'사춘기가 되면…….'

'성인이 되면…….'

나는 아직 앞부분도 다 읽지 못했는데.

내가 받은 책에 적응해 보려는 이 시기에 훅 치고 들어오는 스포일러 때문에 마지막 장까지 꼼꼼히 읽으려 했던 의지가 차갑게 식어버린다.

처음엔 무시하고 넘겼다. 하지만 이런 댓글을 여러 번 받아왔다.

나보다 먼저 이 길을 걸어온 많은 사람들이 전하는

메시지에는 이유가 있을지도 모른다.

댓글에서 그들의 개인적인 경험과 감정을 모두 소거해 본다.

그러면 결국 남는 건 단 하나다.

"당신의 아이는 아직 어리다."

그렇다면, 그 말은 이렇게 표현할 수도 있지 않을까?

'아이가 아직 어리고 귀엽네요. 다 키우고 보니 그 시절이 참 좋았습니다.'

그 이후로 나는 다짐했다.

'지금을 즐겨야겠다. 정신 차리고 보니 아이가 훌쩍 커버렸다며 후회하지 말고, 이 순간을 누려야지.'

로건이가 여덟 살이 되자 옷 사이즈가 130과 140 사이가 되었다.

백화점에 가보면 귀엽고 알록달록한 유아복 브랜드는 130까지만 나오고, 그 이상은 실용적인 주니어복으로 넘어간다.

나는 잠시 고민하다가 내년까지 입힐 수 있는 무채색의 140을 내려놓고 알록달록 귀여운 130을 과감히 골랐다.

'이 옷을 입힐 수 있는 마지막 계절일지도 몰라. 즐기자.'

얼마 전 로건이와 장애인 복지관을 갔다.

엘리베이터에서 싱글벙글 웃고 있는 로건이가 예뻐서 말했다.

"로건이는 여덟 살인데 아직도 귀엽네? 몇 살까지 귀여울까?"

엘리베이터 뒤에 같이 타 계시던 아주머니가 방긋 웃으며 말씀하셨다.

"제 아들이 스무 살이거든요? 아직도 엄청 귀여워요."

돌아보니 키가 큰 자폐 청년이 엄마 손을 잡고 있었다.

그 말을 듣는 순간, 마음이 가벼워지고 그 청년도 행복해 보였다.

그 장면은 오래도록 마음에 남았다.

같은 시간을 보내도 어떤 이는 고난만을 말하고 어떤 이는 그 속의 행복을 말한다.

나는 어떻게 살 것인가.

내가 받은 책의 뒷부분은 벌어지는 사건의 나열이 아니라, 그것을 받아들이는 태도에 대한 이야기로 써나가야겠다.

책의 뒷부분을 먼저 읽은 사람이라면, 이제 막 책을 펼친 이들에게는 '스포일러'를 하지 말아 주시기를.

무엇보다 중요한 점은 당신의 책은 나의 책과 같은 책도 아니라는 것이다.

물론 언젠가 이 계절도 지나고 또 다른 계절이 오겠지만, 지금은 누가 뭐라 해도 나의 호시절임이 분명하다.

꽃이 피는 찬란한 계절.

용서해 줘

 우연히 이런 말을 들었다. "부모는 아이에게 많은 실수를 합니다. 어린 아이의 마음에 상처가 나면 커가면서 낫기도 합니다. 그러나 아이의 영혼에 상처가 생기면 그건 평생 갑니다." 영혼에 상처가 되는 것이란, 존재를 부정당하는 말이라고 했다. 고백하자면 나는 아이의 수면 장애로 밤새도록 잠을 못 자던 나날들을 보내며 우리 애는 내 말을 알아듣지 못할 거라는 걸 방패삼아 아이의 영혼에 상처를 여러 번 입혔다. 그 방패는 아이를 지키는 방패였을까, 아니면 나의 죄책감을 해소하기 위한 방패였을까.

 로건이의 자폐를 알게 된 후, 나는 '양가 친척들 중 누구도 자폐가 없는데 왜 우리 아이만 이런가' 하는 생각을 수없이 하며 억울해했다. 나는 이렇게 친구도 잘 사귀고 말주변도 좋은데⋯⋯. 남편은 저렇게 똑똑한데⋯⋯.

좋은 게 많은 우리 부부 사이에서 정작 우리 아이는 좋은 걸 하나도 못 물려받은 것 같았다. 은연중에 그런 비교와 원망을 품으며 아이를 바라보던 시간이 있었다.

아이가 커가며 나의 죄를 속죄하기라도 하듯 예쁘다, 사랑한다 많이 들려주었지만 충분했을까, 영혼의 상처가 아물 수 있을까? 어떤 말을 해주면 상처받은 영혼이 회복될까 고민했다. 너의 존재를 나의 기쁨이자 자부심으로 여기는 말이라면 도움이 될까?

요즘 매일 아이에게 이렇게 말한다.
"로건이는 엄마랑 아빠의 좋은 것만 물려받은 아이야."
"로건이는 엄마를 닮아서 예뻐."
"로건이는 아빠를 닮아서 멋져."
그 말을 들은 아이의 얼굴에 함박웃음이 차오른다. 그래서 마음이 더 저릿하다. 그 시절의 엄마를 용서해 줘. 다 잊어줘.

'너는 우리를 닮아서 예쁘다'는 그 말은 내 입에서 흘러나와 다시 내 귀로 들어가 내 영혼을 치유하는 힘이 있었다. 새끼에게 상처를 낸 어미가 멀쩡할 리 없었다. 그 말을 매일 하면서 나는 조금씩 나 자신이 좋아졌다. 로건이에게도 그 힘이 닿기를. 오늘도 아이의 영혼을 살찌우기를 바라며 사랑의 말을 건넨다.

보이지 않는 경계

로건이가 아직 아기였을 때, 학창 시절 친구들과 각자의 아이들을 데리고 함께 놀러 다니며 자연스럽게 공동 육아를 하곤 했다.

그땐 아무도 로건이가 자폐라는 걸 몰랐다.

진단을 받은 후로는 누구 하나 일부러 그러자고 결정한 건 아니지만, 자연스럽게 아이들 없이 만나게 되었다.

나도 그게 마음이 편했다. 엄마들끼리 아이 없이 만나는 시간은 훨씬 재밌고 자유롭기도 하니까.

우리는 서로의 흑역사를 낱낱이 꿰고 있어서 만나면 옛날 이야기를 하다 배꼽이 빠져라 웃고 목이 쉴 때까지 떠들고 논다.

한참 놀다 보면 정신이 혼미해질 정도로 재미있는 시간이 훌쩍 지나있다.

나도 친구들도 아이를 키우는 엄마인데 '아이 키우는

일'은 좀처럼 화제에 오르는 일이 없다.

나는 로건이 키우는 얘기를 한참 할 때가 있다. 친구들은 내 얘기를 잘 들어주면서도 정작 자신들의 육아에 대해서는 수박 겉핥기 식으로 대충 말하고는 다른 주제로 넘어가곤 한다.

알고 있다. 나를 배려하고 있다는 걸.

누구든 지금 겪고 있는 일이 가장 흥미로운 대화 소재일 테고, 한창 어린아이들을 키우는 내 친구들도 다른 모임에선 육아 이야기를 실컷 나눌 것이다.

하지만 나와 있을 땐 일부러 옛날 얘기를 꺼내며 그 시절에 머물러주는 것 같다.

나는 그게 고맙기도 하고, 한편으론 조금 슬프기도 하다.

보이지 않는 경계가 생겼다고 느낀다.

그걸 깰 수 있는 사람은 나라는 걸 알면서도, 아직은 자신이 없다.

장애 아이를 키우는 엄마들과는 다를까?

치료 센터를 따라다니다 보니 나처럼 장애 아이를 키우는 다른 엄마를 알게 된다. 같은 처지이니 허물없이 편하게 지낼 수 있을 줄 알았다.

하지만 아이들은 각자 잘하는 영역이 다르고, 엄마가 힘들어하는 지점도 조금씩 다르다. 오히려 더 조심스러워진다.

헤어지고 나면 내가 무심코 한 말들이 혹시 상대적 박탈감을 줬던 건 아닐까, 곱씹게 된다.

같은 장애 아이 엄마들 사이에도 경계는 있었다. 어쩌면 더 세밀하고 더 고차원적이었다.

겉으로 보기엔 '소통하기 힘든 아이를 돌보는 것'이 가장 힘들어 보일 수 있지만, 자폐 아이를 키우는 어려움에는 말로 다 하기 어려운 복잡하고 미묘한 상처들이 숨어있다.

허물없던 친구들과도, 새로 알게 된 장애 아이 엄마들과도 보이지 않는 경계가 생긴다.

나는 그것이 불편했고, 때론 나를 슬프게 만든다고 생

각했다.

로건이가 여덟 살이 되어 돌이켜 생각해 보니 모든 인간 관계에 새로이 생겨난 그 경계들은 나를 좀 더 나은 사람으로 만들어준 것 같다.

예전의 나는 눈치가 없다는 말을 자주 들었다.

그 말에 상처받지도 않았고, 고칠 생각도 없던 사람이었다. 눈치 없이 쭉 살아온 철없는 사람이었다.

하지만 아이의 장애로 나를 둘러싼 모든 관계에 조금씩은 불편감이 생겼다. 이제야 후천적으로 눈치를 습득하고 있는 중이다.

장애 아이를 좀 키워 놓은 선배 엄마들이 '아이의 장애로 인해 성숙해졌다'고 말하는 걸 들으면 공감이 되면서도 내심 싫었다.

'성숙? 됐다 그래, 나는 평생 그냥 철없는 사람으로 늙어 죽어도 아무 상관없어. 아이의 장애 같은 걸로 성숙해지고 싶지 않아.'

그렇게 투덜대던 나였는데, 로건이를 키우며 마주한

수많은 경계 앞에서 조금씩 달라지고 있다.

성숙인지, 눈치를 보는 건지, 철이 드는 건지, 아직도 잘은 모르겠다.

한 가지는 분명하다. 지금의 나는 누군가의 마음을 무심코 할퀴지 않기 위해 더 많이 애쓰고 생각하는 사람이라는 것.

꿈이 무엇이냐고 물어보면 딱히 되고 싶은 건 없지만, '좋은 어른'으로 나이 들고 싶다는 꿈 하나는 있었다.

로건이를 낳은 후 나는 그 꿈에 조금 더 가까워진 것 같다.

불편하고 슬펐던 보이지 않는 경계들 덕분이리라.

어떻게든 내 아이에게서 떼어내야만 한다고 여겼던 장애 덕분이리라.

나에게 복이 되는 사람

조금 엉뚱한 얘기지만 몇 년 전에 우연히 유튜브에서 무당이 등장하는 영상을 보게 되었다. 힘든 시기를 보내고 있는 아기 엄마의 점을 봐주던 무당은 이런 말을 했다.

"힘든 일은 누구에게나 올 수 있어. 그런데 시련이 닥치면 조상신들이 우리를 도우려고 내려오거든? 하지만 조건이 있어. 어린 자녀에게 좋은 엄마, 좋은 아빠로, 부인은 남편에게, 남편은 부인에게 좋은 배우자로 있을 때 도와줘. 힘들다고 가족은 뒷전이고 너의 슬픔에만 빠져있으면 도우려고 온 조상신들이 전부 돌아서."

핸드폰 작은 화면으로 어느 날 우연히 그 영상을 보다가 예상치 못한 큰 위로를 받았다. '힘든 일이 있을수록, 아이와 남편에게 잘해야 복이 온다.' 무속 신앙을 믿든 안 믿든 이 말은 내가 늘 품고 살아야겠다고 생각했다.

사람을 좋아하고 특별한 기준 없이 인연이 닿는 사람들과 두루두루 지내던 나에게 그 후로 사람을 보는 하나의 기준이 생겼다. 만나고 돌아왔을 때, 내 남편과 아이가 더 예뻐 보이게 만드는 사람. 그런 사람이 나에게 복이 되는 사람이라고 생각한다.

로건이가 자폐 진단을 받고 첫 몇 년간, 사람들을 만나고 오면 이런 생각이 들 때도 있었다. '로건이가 자폐만 아니면 내가 저 무리에서 소외감을 느끼지 않았을 텐데.' '로건이가 자폐만 아니면 내가 이렇게 외로진 않을 텐데.' 상대가 나에게 잘해주고 아무런 잘못을 하지 않아도 내 마음이 그렇게 흘러간다면, 그 사람은 나에게 복이 되는 사람이 아니구나 하는 생각을 하게 되었다.

그래서 지금은 반대로 내가 누군가를 만날 땐 상대가 일상으로 돌아가 자신의 아이와 배우자를 더 긍정적으로 보게 되고 따뜻한 엄마, 다정한 아내가 되고 싶다는 마음이 샘솟기를 바라는 마음으로 대한다. 유튜브 영상을 만들 때에도 보는 분들에게 그런 마음이 피어나기를 바라며 만든다. 그게 진짜 사람들의 복을 빌어주는 마음이라고 여긴다.

내구성 테스트

 한번은 마트에 갔다가 로건이가 바지에 실수를 한 적이 있었다.

 로건이를 카트에 앉히고 장을 본 후 무빙워크로 주차장을 향해 올라가고 있을 때였다.

 한 층을 더 올라가야 하는데 남편이 조용히 카트를 한쪽 구석으로 끌고 갔다.

 "더 올라가야 하는데?"

 "응, 알아. 로건이 지금 바지에 똥 쌌어."

 "뭐라고?"

 눈이 휘둥그레져서 큰소리를 내자 남편은 '쉿' 하며 조용히 미소를 지었다.

 "냄새 나서 사람들이 알아챌까 봐. 일단 인파가 빠질 때까지 기다리려고."

 사람들이 빠지고 나서 다시 무빙워크를 타 한 층 위에 주차해 둔 차로 돌아간 뒤, 우리는 숙련된 2인 1조 처리반처럼 빠르게 문제를 해결했다.

마치 하나의 뇌에서 명령을 받은 두 개의 몸처럼 손발이 척척 맞았다.

아이 몸을 닦아내고 새 바지로 갈아입힌 후, 남편은 로건이를 보고 말했다.

"시원했어? 아빠 엄마한테 말을 해줘야지. 응가! 해봐. 응가! 다음엔 그렇게 말해, 알았지?"

그러고는 나를 향해 환하게 웃었다.

"로건이는 정말 나의 익스트림 스포츠다! 이렇게 짜릿할 수가 없어. 짜릿해서 치가 떨린다!"

로건이의 장애를 알고 나서, 남편은 키우기 힘든 로건이가 '남들이랑 달라서 재미있다'고 가끔 말했다.

나는 그렇게 말할 수 있는 남편이 특이한 사람이라고 생각했다.

자신의 앞에 놓인 상황을 어떻게든, 빠르게, 좋은 생각으로 바꿔서 입 밖으로 내뱉는 정말 특이한 재능을 갖고 있는 사람.

그 재능 덕분에 나쁜 일이 생겨도 늘 '나는 럭키!'로 결론을 내고야 마는 사람이다.

남편의 특이한 재능을 보면서 "정신 승리도 승리구나"라고 생각해 왔다.

그의 말도 안 되는 낙관이 없었다면 우리는 매일같이 패배감 속에서 살았을 것이다.

한번은 남편이 이런 얘기를 했다. "아이가 주는 기쁨이 얼마나 큰데"라면서 아이를 낳지 않는 딩크족이 안타깝다는 것이다.

내가 "우리처럼 힘들까 봐 안 낳는 거 아닐까?" 반문하자, 이렇게 답한다.

"로건이에게 비록 장애가 있지만, 없는 것보다는 있는 게 훨씬 나은데? 너랑 나 둘만 있었으면 좋은 데 다니고, 맛있는 거 먹고 살았겠지. 그런데 그거 금방 싫증 나. 더 좋고 더 맛있고 더 신나는 걸 찾아야 될 거야. 그런데 로건이가 있으니 내가 살면서 싫증 났던 모든 것들이 다 너무 새로워졌어. 앞으로 얼마나 더 짜릿한 게 많겠어."

그런 말을 하는 남편의 표정은 정신 승리를 한 사람의 것이 아니었다.

분명 진심이었다. 이렇게 특이한 사람이 로건이의 아빠, 나의 남편이라 참 다행이라고 생각한다.

하지만 그 특이할 정도의 단단함이 나에게 늘 안정감만 준 것은 아니다.

로건이가 네 살 때의 일이다. 다니던 어린이집에서 일주일간의 여름 방학이 시작되었다.

남편의 여름휴가와 맞지 않아서 아이와 나 둘이서 지지고 볶는 일주일을 보내야 했다.

아침에 눈을 뜨면 나가자고 졸라대는 아이는 아침부터 산책을 갔다가 집에 돌아오면 잠깐 있다가 또 다시 나가자고 조르기 시작했다. 그렇게 세 번의 외출을 하고 돌아올 때쯤 남편이 퇴근했다.

한여름에 땀 삐질삐질 흘려가며 아이와 여기저기를 다녀온 나는 방학 일주일 동안이라도 퇴근한 남편이 바톤 터치를 해주기를 바라고 있었다.

그날도 로건이는 퇴근한 아빠가 저녁밥을 다 먹기도 전에 나가자고 졸랐다. 나에겐 이날만 네 번째 외출이다. 당연히 셋이 같이 나갈 거라 기대하는 남편에게 말했다.

"당신 퇴근하고 하는 외출은 로건이랑 둘이서 다녀와. 나 집에서 혼자 좀 쉬고 싶어."

내 말을 들은 남편의 표정이 좋지가 않다. 눈치가 보여 신발을 구겨 신고 따라 나선다. 터덜터덜 공원을 걸으며 남편에게 물었다.

"왜 나랑 꼭 같이 가야 하는데? 로건이랑 둘이 산책하는 게 힘들어서 그래? 맨날 둘이 다녀오라는 것도 아니고 여름 방학 일주일 동안만 그렇게 해달라는 건데, 그게 어려워?"

"너는 내구성이 약한 것 같아."

"뭐라고?"

"로건이 어린이집 다니기 전에는 계속 가정 보육 했었잖아. 네 말대로 여름 방학 일주일이야. 1년에 딱 일주일인데 파이팅 있게 하면 안 돼? 가정 보육한다는 핑계로 너 요즘 하루 종일 징징거려. 기왕 해야 하는 거 기분 좋게 할 순 없어?"

맞는 말이지만, 아니, 맞는 말이라서 더 기분이 상했다.

"둘이 산책하러 나가는 게 힘드냐고 물었는데 왜 내 구성이 약하다는 쪽으로 핀트가 틀어져?"

"로건이 데리고 둘이서 공원 산책하는 거? 그게 뭐가 힘들어. 하나도 안 힘들어. 나는 그냥 둘이 하는 거보다 셋이 쌓는 추억이 더 좋으니까 같이 나가자고 하는 거였지, 힘들어서 같이 가자고 하는 건 아니었어. 앞으로 둘이 갈게, 쉬어."

짧은 대화가 끝나고 나는 입을 다물었다. 하고 싶은 말도 많고, 억울하기도 하고, 말하는 태도가 그게 뭐냐고 따져 묻고 싶기도 했지만 입을 다문다. 그리고 생각해 본다.

'내구성이 약하다'

그래, 나 내구성 약하다. 아이를 낳은 후로 남편에 대한 의존도가 많이 높아진 건 사실이다. 종일 남편의 퇴근 시간만 기다리고 남편 없이 아이랑 둘이 다니는 건 상상하기가 힘들 정도로 많이 의지하고 있다.

내구성이 약한 거? 팩트.

여름 방학이라고 내내 징징거린 거? 팩트.

1년에 딱 한 번 일주일을 힘들다고 투덜거리기보다 대차게 해내는 게 더 멋지지 않냐는 말? 그것도 인정.

그런데 당신 말대로 1년에 딱 한 번인데 와이프를 열심히 도와야겠다는 각오는 왜 못하는지, 한여름의 대낮 땡볕에 뻑 하면 울고 안아달라고 떼쓰는 아이를 데리고 여기 갔다 저기 갔다 얼마나 힘들었는지 아느냐는 발악은 넣어둔다.

참을성이 좋고 마음이 너그러워서 넣어두는 건 절대 아니다. 당신이 말하는 그 '내구성'을 다져서 코를 납작하게 눌러 주리라. 나의 싸움은 그런 식이다. 다시는 똑같은 말을 입 밖으로 꺼내지 못하도록 하는 것.

내구성을 키우려면 우선 원인을 알아야 했다. 나는 왜

내구성이 약할까?

가장 큰 문제는 멀쩡히 걷고 뛸 수 있는 아이가 밖에만 나가면 안아달라고 떼를 쓴다는 것이다.

흔히 말하는 '안아줘 병' 중환자였다. 아이를 안고 다니며 허리 통증을 참아내거나, 안아주지 않는 대신 울음을 견뎌야 하는 외출의 연속이었다.

목표를 세웠다. '안아줘 병' 졸업. 아이와 둘이서 산책하기 좋은 곳으로 떠났다.

다른 목적은 아무것도 없었다. 안아주지 않고 스스로 걷게 하겠다는 목표 하나로 여기저기 다녔다.

사람이 없는 한적한 곳으로 산책을 다니며 아무리 울고 떼써도 절대 안아주지 않았다.

말이 쉽지, 실제로 해보면 스트레스가 어마어마한 과정이다. 그럼에도 포기하지 않았다. 한 달을 채 넘기기 전에 로건이는 엄마에게 안기는 것을 포기했다.

그리고 신세계가 펼쳐졌다. 아이와 손을 잡고 다니는 것만으로도 얼마나 편안하고 가벼운지.

똑바로 서서 주변 풍경을 둘러보며 다닐 수 있다는 해방감은 정말 대단했다.

'내가 해냈다'는 육아 효능감도 수직 상승했다.

아이와 손잡고 산책할 수 있게 된 후로 둘이서 더 많이 다니기 시작했다.

속초도 가고 제주도도 다녀왔다. 아이도 나 자신도 대견했다.

시간이 흘러 로건이가 여섯 살이 된 겨울, 남편과 사소한 일로 다투어서 분위기가 냉랭한 어느 날이었다.

남편이 나에게 풀어야 할 화를 괜한 로건이한테 푸는 모습을 봤다. 바로 배낭에 1박 2일치 정도의 짐을 빠르게 싸고 아이에게 화풀이하지 말라며 로건이의 손을 잡고 집을 나섰다.

현관문을 나서는 순간, 기억의 저편으로 잊고 있었던 '너는 내구성이 너무 약해'라던 남편의 말이 떠올라 피식 웃었다.

나는 이제 로건이를 데리고 어디든 가는 게 두렵지 않아. 이제 다시는 그 소리를 나에게 할 수 없겠지?

그렇게 조용히 혼자 했던 남편과의 싸움에서 승리를 거둔 나는 로건이를 차에 태우고 기쁨의 승전보를 울리며 자동차로 동네 한 바퀴 드라이브를 돌았다. 기분이 풀린 뒤 다시 집으로 돌아가 남편에게 말했다.

"나와! 둘이 하는 산책보다 셋이 하는 산책이 더 좋잖아!"

남편은 모르는, 나의 완벽한 승리였다.

결심보다 행동

다이어트를 하고 있다고 말하기도 민망할 만큼 수없이 결심하고 실패하고, 또다시 결심하는 날들을 보내고 있다. 오늘도 과식을 하고 맥주까지 한잔 마신 뒤, 가슴까지 차오른 더부룩한 배를 두드리며 생각했다. '오늘은 망했네. 내일부터 진짜 다이어트 해야지.'

그러다 운동화를 신고 무작정 달리러 나왔다. 무거운 몸으로 달리니 역시나 평소보다 몇 배는 더 버겁다. 그런데 달리며 이런 생각이 스쳤다. '내일부터 다이어트'라는 결심보다, 배부르고 더부룩한 몸을 이끌고 달리고 있는 지금 이 실행이 더 멋지지 않은가. 돌이켜보면 살면서 나를 변화시킨 것은 단 두 가지였다. 첫째는 내가 만나는 사람들, 둘째는 내가 보내는 시간. 가장 효과가 없었던 것은 '결심'이었다.

행동으로 이어지지 않은 위대한 결심들이 쌓일수록 나는 점점 더 초라해졌다. 오히려 마음만 먹으면 5분, 10분이면 끝낼 수 있는 작은 것들을 꾸준히 해낼 때 변화는 찾아왔다. 설거짓거리 없는 깨끗한 싱크대로 하루를 마무리하고, 하루에 한 번은 샤워를 하고, 하루에 한 번은 10분이라도 운동을 하고, 하루에 한 번은 잠깐이라도 아이를 앉혀 학습을 시킨다. 나는 이 네 가지만 해도 마음이 한결 가벼워진다.

생각이 달라도 함께 걸어나간다

로건이가 여덟 살이 된 여름, 담양으로 여행을 갔다. 아침 일찍 일어난 로건이 덕분에 7시부터 산책을 시작했다.

더운 한여름이었지만 이른 시각 덕분에 살갗에 닿는 공기는 시원했고 메타세콰이어 숲길에는 사람도 거의 없어 한적했다. 관광객으로 북적이던 평소의 담양이 아닌, 조용하고 쾌청한 담양을 우리 가족만 전세 낸 듯한 기분이었다.

그 길을 걷다 남편이 핸드폰을 만지작거리더니 들뜬 얼굴로 나에게 다가왔다.

"미국에서 새로운 자폐증 치료 기술이 나왔는데 상도 받았대!"

남편이 예전에 자폐 관련 뉴스를 찾아보는 것으로 하루를 시작한다고 했던 말이 생각났다. '그 루틴이 지금까지 이어지고 있는 건가?' 새삼 놀라웠다.

자폐 아이 엄마로 살다 보니 정확히 언제부터였는지는 모르지만 나는 서서히 아이의 자폐를 '병'이 아닌 '장애'로 여기고 있었다.

처음 자폐 성향을 보인다는 의사의 말을 들었을 땐 어렵겠지만 고칠 수도 있는 '병'이라고 생각했다.

하지만 완치를 꿈꾸게 하는 혹할 만한 치료들이 우리 아이에게는 효과가 없었던 여러 번의 경험을 하면서 자폐는 병이 아닌 장애라는 현실을 인정하게 되었다.

로건이 다섯 살 무렵, 자폐 아이 부모들 사이에서 뇌파 치료가 혜성처럼 떠오른 적이 있었다.

그 치료를 받게 하려고 지구 반대편까지 다녀온 사람들도 있었다.

시간이 지나자 우리나라에도 그 치료를 하는 곳이 생겨났고, 남편은 그 치료를 하고 싶어 했다.

'저걸 꼭 해봐야 아는 건가? 효과가 없을 거라는 거, 안 해봐도 알겠는데?'

나는 뇌파 치료가 별 도움이 되지 않을 거라는 생각이 반사적으로 들었다. 주 5일, 6주 동안 해야 하는

1500만 원짜리 치료였다. '그 돈이면 해외에서 한 달 살이도 가능하겠다. 6주라는 시간이 너무 아까운데.' 그런 생각이 들었지만, 남편의 희망에 부푼 눈동자를 보고 아무 말도 하지 않았다.

"그래. 해보자."

돈도 아깝고 시간도 아깝지만 남편에게 가보지 않은 길에 대한 미련을 남기고 싶지 않았다.

기왕 하기로 한 거 씩씩하게 다니고 싶었는데 병원이 너무 멀었다. 금요일에는 퇴근 시간과 맞물려 치료가 끝나고 집까지 돌아오는 데만 4시간이 걸렸다.

너무 힘들다고 투덜거리니 남편은 병원 근처에서 방을 구했다. 그렇게 치료와 함께 서울살이를 시작했다.

성수동, 이태원, 광화문에서 2주씩 지내며 아침에 일어나 로건이와 버스를 타고 치료를 갔다가 서울 곳곳을 구경하며 보냈다. 서울에 자주 놀러가긴 했지만 한 번도 서울에서 살아본 적은 없었는데 로건이 치료 덕분에

서울에서 살아봤다.

  6주간의 뇌파 치료는 결론적으로 효과가 없었지만 햇살이 반짝이던 서울숲에서의 아침 산책과 밤이면 재즈 바처럼 아늑해지는 광화문의 버스킹 공연, 모든 순간이 행복했던 서울살이의 추억으로 남아있다.

  그 치료를 끝으로 남편은 한 번도 로건이에게 무슨 치료를 해보자는 말을 하지 않았다.

  이루지 못한 꿈은 서글픔으로 남는다는 것을 알기에, 나는 남편에게 이제는 로건이의 자폐를 '병'이 아닌 '장애'로 인정하는지 물어본 적이 없었다. 그저 남편도 이제 인정했겠거니 짐작했다.

  담양에서 자폐 치료 뉴스 기사를 보고 들뜬 표정의 남편을 보고 조용히 물어봤다.

"자폐 완치를 아직도 꿈꿔?"

"아직도라니. 한 번도 포기해 본 적이 없어."

"그렇구나. 나는 오빠가 마음 접은 줄 알았어."

"내가 가정주부였으면 식단도 열심히 했을 걸?"

"근데 왜 식단 하자고 안 했어?"

"로건이 지금도 편식이 심한데 식단을 시작하면 매일 힘들 거야. 그 어려움을 마주해야 할 사람은 내가 아니라 너일 텐데, 너에게 큰 희생을 떠안기면서까지 강행해야 할 가치는 없다고 생각해."

로건이의 장애를 어떻게 생각하는지, 누가 맞고 틀린 건지 남편과 논쟁하거나 설득하려 한 적이 없다.

부부가 꼭 의견이 같아야 한다고도 생각하지 않는다.

장거리 달리기를 하다 보면 가끔 지칠 때가 있다.

그럴 땐 저 멀리 보이는 큰 랜드마크를 바라보다가, 조금 가까이에 있는 나무를 보기도 하고, 때로는 스쳐 가는 귀여운 강아지를 바라보며 달린다. 그러다 보면 결국 목표한 지점까지 완주하게 된다.

아이의 장애를 어떻게 바라보는지 나와 남편이 서로 달라도, 우리의 목적지는 결국 같다.

로건이가 오늘보다 나은 내일을 맞고, 우리 부부는 서로를 다치게 하지 않고 아끼며 살아가는 것.

불확실한 것은 불확실한 대로 두고 함께 걷는 것이 오히려 더 편안할 때가 있다.

상어가 되지 않도록

 텐트럼이 한창 심했던 로건이 여섯 살 때의 일이다. 그 날도 로건이는 별것도 아닌 일로 거실에 누워 악을 쓰며 울기 시작했다. 참다가 결국 폭발해 버린 나는 "그만 울어. 뚝 해. 그만 좀 울라고!" 하며 아이에게 버럭 화냈다. 내가 소리를 지르자 로건이는 울음을 그치기는커녕 더 크게 울었다. 그 모습을 지켜보던 남편이 성큼성큼 로건이에게 다가가 "그만 울어. 뚝!" 하며 무서운 눈으로 소리치며 화냈다. 평소답지 않은 남편의 모습에 로건이는 공포에 벌벌 떨었다. 덩치 큰 남편의 화내는 모습은 내가 봐도 간담이 서늘하게 무서웠다.

 남편은 원래 내가 로건이에게 화를 내면, 아이를 데리고 다른 방으로 가 다정하게 달래주는 아빠였다. 그러나 텐트럼이 하루에도 몇 번씩 이어지자, 나도 매일같이 아이에게 소리를 지르게 되었고, 결국 감정을 잘 다

스리던 남편도 점차 아이에게 화를 내기 시작했다.

"나한테 혼나는 것도 무서울 텐데 오빠까지 로건이한테 그렇게 무섭게 하면 어떡해"

내가 말하자 남편이 대답했다.

"로건이가 울고 소리지를 때 나도 사실 힘들어. 그런데 그냥 버티고 참고 있는 거야. 근데 로건이보다 더 힘든 게 뭔지 알아? 너야. 로건이만 울고 있을 때 나는 얼마든지 참을 수 있을 것 같은데 너가 터져버리면 나도 참고 있던 화가 빗장을 부수고 나오는 것 같아. 내가 아이한테 화내는 게 보기 싫으면 너부터 참아봐. 나의 버럭 버튼은 로건이가 아니라 너니까."

나는 순간 할 말을 잃었다. 매일 버럭하는 내가, 남편에게는 화내지 말라는 건 내로남불이고 모순이다. 돌아보면 로건이가 울부짖을 때 남편이 묵묵히 버텨주는 모습 덕분에 나의 분노도 가라앉곤 했다. 아마 남편도 그럴 것이다. 내가 화내지 않고 차분히 대응한다면 그의 마음도 훨씬 덜 힘들 것이다. '나의 버럭 버튼은 로건이가 아니라 너'라는 남편의 말은 깊이 박혔다. 그래서 남편과 함께 있을 때만큼은 최대한 화를 누르려 애썼다.

나는 종종 집은 수족관 같다고 생각한다. 투명한 물로 가득 찬 이 안에서 우리는 세 마리 생명체처럼 살아간다. 내가 열대어나 돌고래인 날엔 집은 평화롭다. 하지만 내가 상어가 되는 날, 집은 순식간에 공포의 수조로 변한다. 상어처럼 공포스럽게 집 안을 어슬렁거리면 긴장의 독성은 집 안 구석구석 퍼져 나간다.

학창 시절 몇 년 간, 엄마와 언니의 잦은 다툼으로 우리 집은 서슬 퍼렇게 날 서있는 날이 많았다. 그 시절의 나는 잘못한 게 없어도 집에 있으면 긴장했고, 가슴이 두근거리곤 했다. 현관 앞에서 집에 들어가기 싫어 크게 한숨을 푹 내쉬고 집에 들어간 날들이 있었다. 어린 나이였지만 그때부터 결심했던 것 같다. '언젠가 내가 가정을 꾸린다면 나의 집은 가족들에게 가장 편한 곳으로 느끼게 해줘야지.' 그러나 어린 시절부터 해온 다짐이 무색하게도 나는 종종 집을 공포의 수족관으로 만들곤 한다. 그럴 때마다 스스로에게 말한다. '나는 지금 상어다. 멈춰야 한다.'

유튜브에서 '한 번도 남편과 큰소리 내어 싸워본 적이 없다'는 말을 한 적이 있었는데 어떻게 그럴 수 있냐는 질문을 많이 받았다. 사실 비결이라고 할 만한 건 없다. 남편과의 관계에 특별한 노하우가 있는 것도 아니다. 다만 집 안 공기에 독성이 스며들지 않게 하려고 신경 쓴다.

내가 아이에게 소리를 지르면 대상은 아이지만, 그 영향은 남편에게까지 미친다. 남편과 내가 서로 큰소리로 싸운다면 아이는 공포에 질릴 것이다. 화가 난 채 입을 다물고 상대를 투명인간 취급하는 것도, 한 집에 있는 모두를 숨 막히게 한다.

결혼한 뒤로는 우리집의 분위기 메이커는 나라는 생

각을 하며 나름의 책임감을 갖고 살아왔다. 자폐성 아이를 키우며 답답하고 화나는 순간은 하루에도 몇 번씩 찾아온다. 그래서 집을 공포의 수족관으로 만들 때도 가끔 있지만 그럴 때마다 스스로를 다잡는다. '아차차, 내가 또 상어가 되었구나!'

에필로그

가장 후회하는 네 가지, 가장 고마웠던 네 가지

아이를 키우며 가장 후회하는 것 네 가지가 있다.

하나, 폭력을 가르친 것.

아이는 폭력을 무無에서 창조해 낸 것이 아니었다. 그 폭력은 나로부터 모방된 것이었다.

둘, 힘들 때마다 무의식에서 떠오르던 생각들.

'너만 아니면……', '너 때문에 내가……'

셋, 타인의 시선을 의식하느라 정작 내 아이를 충분히 눈에 담지 못한 것.

넷, 위의 세 가지를 실수였다 여기고 매번 반성하면서도 똑같은 짓을 여러 번 반복한 것.

아이 키우며 가장 고마웠던 것 네 가지가 있다.

하나, 12명 안에 드는 심한 장애였던 것.

1년에 12명만 입학할 수 있는 특수학교에 입학 지원서를 내고 3개월간 마음 졸이며 기다렸다. 합격 문자를 받고 13번째, 15번째가 아닌 12번째 안에 드는 심한 장애라는 것에 진심으로 고마웠다.

 둘, 벼랑 끝에서 떨어졌다가 다시 기어올라오는 여러 번의 경험.

 벼랑 끝에서 떨어지면 날개가 있었다는 걸 알게 된다고 하던데, 로건이를 키우며 알게 된 것은 나에게 날개는 없지만 밑에서 받쳐주고 위에서 손을 내밀어 잡고 올라오라고 말해주는 사람들이 있다는 것이다. 덕분에 기어올라올 수 있는 근력도 얻었다.

 셋, 문득 보여주는 성장.

 노력해도 제자리 걸음 같지만 예측하지 못한 순간 문득 보여주는 아이의 성장하는 모습은 나를 포기하지 않게 만들었다. 예측하지 못했기에 기쁨은 더 컸다.

 넷, 결국 모든 건 로건이 덕분이라는 것.

 자폐 진단 이후 한동안은 우주의 어딘가로 신호를 보내듯 누군가는 이 메시지를 수신하길 바라는 간절한 마음으로 아이와의 일상을 영상으로 기록했다. 로건이가 여덟 살이 된 지금, 그 영상들은 나와 비슷한 처지의 사람들과 나를 연결해 주고 있다. 지금은 많은 응원을 받으며 살고 있다.

한때는 로건이의 장애로 인해 세상과 단절되었다고 느꼈지만 그 우물 밖으로 나를 꺼내준 것도, 새로운 세상으로 데려가준 것도 전부 로건이였다.

이 글을 읽은 누군가는 말할지도 모른다.

"로건이의 장애, 이제 받아들이신 것 같아요."

하지만 나는 그 말이 참 불편하다. '받아들인다'는 건 무엇일까? 인정했고, 수용했고, 해탈했고, 그래서 경지에 도달해 마음의 정리가 끝났다는 걸까? 아이를 키우며 매일 감정의 기복을 경험하는 나에게 '받아들임'이라는 표현은 너무 거창하게 느껴진다. 하지만 '로건이에게 적응했냐'고 물어본다면 단번에 대답할 수 있다.

"예스!"

요란하게 흔드는 로건이의 팔도, 시끄러운 외계어도, 나이에 맞지 않는 돌쟁이 장난감을 좋아하는 것도 정말 귀엽다. 받아들인 건 잘 모르겠고, 적응한 건 확실하다.

나는 가볍게 살고 싶다.

적응해 가면서도 살아갈 수 있다.

받아들이지 않아도 사랑할 수 있다.

저속 성장 육아 일기

정진희 지음

초판 1쇄 발행 2025년 12월 8일

발행, 편집 **파이퍼 프레스**
디자인 **위앤드**
일러스트 **장고딕**

파이퍼
서울시 마포구 신촌로2길 19, 3층
전화 070-7500-6563
이메일 team@piper.so

논픽션 플랫폼 파이퍼
piper.so

ISBN 979-11-94278-14-6 03590

이 책의 출판권은 파이퍼에 있습니다.
이 책 내용의 전부 또는 일부를 재사용하거나 번역, 출판하려면
반드시 파이퍼의 서면 동의를 받아야 합니다.